もくじ

三省堂版　英語 1 年

リスニング音声はこちらから聞けるよ！

テストの範囲や学習予定日をかこう！

学習計画	
出題範囲	学習予定日
5/14	5/10
テストの日	5/11

音声を web サイトよりダウンロードするときのパスワードは『7XW77』です。

Starter

英語の文字と音／コミュニケーションを楽しもう(1)(2)

テストに出る！ ココが要点＆チェック！

アルファベットと身近な単語・語句

教 p.8～p.14

1 アルファベット

→☆(1)(2)

A[a]からZ[z]までの26文字をアルファベットという。それぞれ大文字と小文字がある。

大文字

ABCDEFGHIJKLMNOPQRSTUVWXYZ

小文字 ■に注意する。

a **b** c **d** e f **g** h i **j** k l m n o **p** **q** r s t u v w x **y** z

2 単語・語句

→☆(3)(4)

日付は日本語と同じ語順で〈月＋日〉で表す。月名は必ず大文字ではじめる。

April third
月 日
4月3日

曜日を表す単語

Monday(月曜日) Tuesday (火曜日) Wednesday(水曜日) Thursday(木曜日)
Friday (金曜日) Saturday(土曜日) Sunday (日曜日)

月を表す単語

January	(1月)	July	(7月)
February	(2月)	August	(8月)
March	(3月)	September	(9月)
April	(4月)	October	(10月)
May	(5月)	November	(11月)
June	(6月)	December	(12月)

日を表す単語

1日	first	6日	sixth	11日	eleventh
2日	second	7日	seventh	12日	twelfth
3日	third	8日	eighth	13日	thirteenth
4日	fourth	9日	ninth		
5日	fifth	10日	tenth		

動作を表す語句

get up	「起きる」	wash my face	「顔を洗う」	brush my teeth	「歯をみがく」
eat breakfast	「朝食を食べる」	leave home	「家を出る」	study	「勉強する」
eat lunch	「昼食を食べる」	get home	「帰宅する」	do my homework	「宿題をする」
eat dinner	「夕食を食べる」	take a bath	「入浴する」	go to bed	「寝る」

☆チェック！ (1), (2)は( )内から正しい小文字を選びなさい。(3), (4)は( )内から適する語を選びなさい。

1
- □ (1) B (b / d / q)
- □ (2) Y (g / y / j)

2
- □ (3) (October / September) tenth 9月10日
- □ (4) eat (breakfast / dinner) 朝食を食べる

☆チェック！の答えは次ページ

テスト対策問題

テスト対策ナビ

リスニング

♪ a01

1 聞こえたアルファベットとして適するものを一つ選び，記号で答えなさい。

(1) ア b　イ c　ウ t　(　　)

(2) ア f　イ m　ウ n　(　　)

(3) ア G　イ J　ウ Z　(　　)

よく出る **2** アルファベットの順番に並ぶように(1)，(2)には大文字を，(3)，(4)には小文字を書きなさい。

(1) B→______→D　(2) K→______→M

(3) h→______→j　(4) x→______→z

3 次の日本語にあうように，___に適する語を書きなさい。

(1) 1月2日

January ________

ミス注意! (2) 11月7日

________ seventh

(3) 8月9日

August ________

4 曜日の順番に並ぶように，___に適する語を書きなさい。

(1) Friday → ________ → Sunday

(2) Sunday → ________ → Tuesday

ミス注意! (3) Tuesday → ________ → Thursday

2 アルファベット
アルファベットの順番はp.2で確認しよう。4線の上に書く位置にも注意しよう。
(4) y は4線の下の2マスに書く。

3 単語・語句(日付)

ミス注意!
(2)月名は必ず大文字ではじめる。

(3) nine「9」の e を取って th をつける。

4 単語(曜日)

ポイント
曜日名は必ず大文字ではじめる。

ミス注意!
(3) dnes のつづりを間違えないようにしよう。

p.2 答　(1) b　(2) y　(3) September　(4) breakfast

解答 p.1

テストに出る！
予想問題

Starter
英語の文字と音／コミュニケーションを楽しもう(1)(2)

30分

/100点

1 英語を聞いて，内容にあう絵をそれぞれ一つずつ選び，記号で答えなさい。 a02

3点×2〔6点〕

ア　イ　ウ　エ

(1)(　　　)

(2)(　　　)

2 英語を聞いて，内容にあう絵を一つ選び，記号で答えなさい。 a03

〔4点〕

ア　イ　ウ　エ

(　　　)

よく出る **3** 次の大文字は小文字に，小文字は大文字に書きかえなさい。 3点×8〔24点〕

(1) A ______　(2) E ______　(3) G ______　(4) D ______

(5) h ______　(6) j ______　(7) n ______　(8) r ______

4 次の文字をアルファベット順に並べかえて書きなさい。 3点×5〔15点〕

(1) DCFEB ______

ミス注意！ (2) MLKON ______

(3) XVZYW ______

(4) srutq ______

(5) ikljh ______

5 次の絵が表す語を下から選び，記号で答えなさい。 4点×6〔24点〕

(1)(　　　)
(2)(　　　)
(3)(　　　)
(4)(　　　)
(5)(　　　)
(6)(　　　)

ア tennis	イ flower	ウ music	エ box	オ December
カ cooking	キ July	ク umbrella		

6 次の英語の中から，仲間外れのものを選び，書きなさい。 5点×3〔15点〕

(1) (math / science / nurse / P.E.)

(2) (horse / tiger / cow / yacht)

ミス注意! (3) (gym / convenience store / social studies / shrine)

やや難 **7** 次の表を見て，それぞれの時刻に将太(Shota)がすることについて，将太になったつもりで英語を書きなさい。 6点×2〔12点〕

(1) 午前7時

(2) 午後8時

将太の一日	
午前6時	起床
午前7時	歯みがき
午前9時～午後4時	学校
午後7時	夕食
午後8時	入浴
午後10時	就寝

Lesson 1

About Me ～ 文法のまとめ①

テストに出る！ ココが要点&チェック！

be 動詞と一般動詞

教 p.15～p.36

1 be 動詞の肯定文「～です」と一般動詞の肯定文「～します」

チェック！ ★(1)(2)

「私[あなた]は～です」は〈主語＋be 動詞 ～.〉で表す。主語が I のときは am を，主語が you のときは are を使う。「私[あなた]は～します」は〈主語＋一般動詞 ～.〉で表す。

be 動詞の肯定文 I am Tanaka Hana.　私は田中花です。
①文頭は大文字　②文末にピリオド

You are a dancer.　あなたはダンサーです。

一般動詞の肯定文 I play tennis.　私はテニスをします。
一般動詞…be 動詞以外の，具体的な動作や状態を表す語

You like sports.　あなたはスポーツが好きです。

be 動詞は「＝」の意味を表す

You are a baseball fan.　あなたは野球のファンです。
⇩
You ＝ a baseball fan　（あなた＝野球のファン）

英語と日本語では語順が変わる！

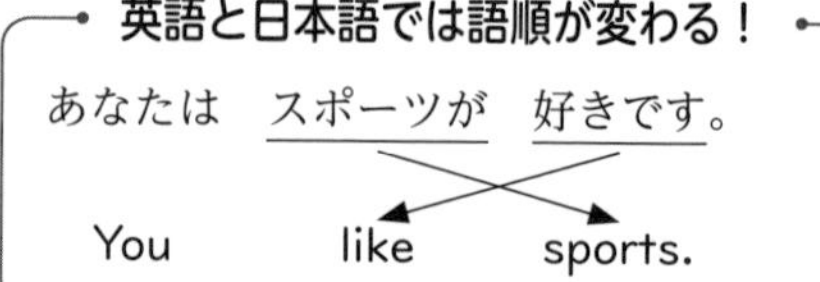

2 be 動詞の疑問文「～ですか」と一般動詞の疑問文「～しますか」

チェック！ ★(3)(4)

be 動詞の疑問文は〈be 動詞＋主語 ～?〉で be 動詞を主語の前に出し，一般動詞の疑問文は〈Do you＋一般動詞 ～?〉で表す。

be 動詞の肯定文 You are a baseball fan.　あなたは野球のファンです。

be 動詞の疑問文 Are you a baseball fan?　あなたは野球のファンですか。
① be 動詞を主語の前に出す　②文末にクエスチョンマーク

— Yes, I am. / No, I am not.　— はい，そうです。／いいえ，そうではありません。
└▶短縮形 I'm でもよい

一般動詞の肯定文 You play rock.　あなたはロックを演奏します。

一般動詞の疑問文 Do you play rock?　あなたはロックを演奏しますか。
①文頭に Do を置く　②文末にクエスチョンマーク

— Yes, I do. / No, I do not.　— はい，します。／いいえ，しません。
└▶短縮形 don't でもよい

短縮形

I am → I'm
you are → you're
do not → don't

3 be 動詞の否定文「～ではありません」 (5)

「私[あなた]は～ではありません」という be 動詞の否定文は〈主語＋be 動詞＋not ～.〉で表す。

短縮形
are not → aren't

肯定文 I am good at the guitar. 私はギターが得意です。

否定文 I am not good at the guitar. 私はギターが得意ではありません。
be 動詞の後ろに not

否定文 You are not in a band. あなたはバンドに入っていません。
→短縮形を使って You're not や You aren't でもよい

4 一般動詞の否定文「～しません」 (6)

「～しません」という一般動詞の否定文は〈主語＋do not[don't]＋動詞 ～.〉で表す。

肯定文 I play baseball. 私は野球をします。

否定文 I do not play baseball. 私は野球をしません。
動詞の前に do not

否定文 You do not go to theaters. あなたは映画館へ行きません。
→短縮形 don't でもよい。

5 what の疑問文 「どんな[何の]～を…ですか」 (7)

「あなたはどんな[何の]～を…ですか」は〈What＋名詞＋do you＋一般動詞 ...?〉で表す。〈what＋名詞〉で「どんな[何の]～」という意味を表せる。

I like rice balls. 私はおにぎりが好きです。

What food do you like? あなたはどんな食べものが好きですか。
①〈what＋名詞〉を文頭に置く
②一般動詞の疑問文の語順を続ける

☆チェック! ( )内から適する語句を選びなさい。

1
- □ (1) I (am / are) Kato Tomoki. 私は加藤智樹です。
- □ (2) I (like / play) basketball. 私はバスケットボールをします。

2
- □ (3) (Am / Are) you a pianist? あなたはピアニストですか。
  — No, I (am not / are not). いいえ，そうではありません。
- □ (4) (Are / Do) you speak English? あなたは英語を話しますか。
  — Yes, I (am / do). はい，話します。

3
- □ (5) I (am not / do not) from India. 私はインド出身ではありません。

4
- □ (6) You (are not / do not) take pictures. あなたは写真を撮りません。

5
- □ (7) (What movie / Movie what) do you often watch? あなたはどんな映画をしばしば見ますか。

☆チェック! の答えは次ページ

 解答 p.2

テスト対策問題

リスニング

♪ a04

1 英文を聞いて，内容にあう絵を選び，記号で答えなさい。

ア　イ　ウ　エ

(　　　)

2 (1)～(4)は単語の意味を書きなさい。(5)(6)は日本語を英語にしなさい。

(1) live (　　　)　(2) often (　　　)

(3) now (　　　)　(4) song (　　　)

(5) 知っている ______　(6) ときどき ______

3 よく出る 次の日本文にあうように，______に適する語を書きなさい。

(1) 私は毎日，朝食を食べます。

I eat breakfast ______ ______.

(2) あなたは映画がとても好きです。

You like movies ______ ______.

4 次の日本文にあうように，______に適する語を書きなさい。

(1) 私はフランス語に興味があります。

I ______ ______ in French.

(2) あなたは7時に起きます。

You ______ ______ at seven.

5 ミス注意！ 次の文を(　)内の指示にしたがって書きかえるとき，______に適する語を書きなさい。

You practice the guitar. (疑問文に)

______ ______ practice the guitar?

テスト対策ナビ

2 重要単語

(4)動詞 sing「歌う」と混同しないように注意。

(6)最後の s を忘れないようにしよう。

3 重要表現

(2) very は「とても，非常に，大変」という意味。

4 「～です」，「～します」

おぼえよう！

(1) be interested in ～「～に興味がある」

ポイント

「～です」
→〈主語＋be動詞 ～.〉
「～します」
→〈主語＋一般動詞 ～.〉

5 「あなたは～しますか」

ミス注意！

「あなたは～ですか」とたずねる Are you ～? と間違えないようにしよう。

p.7 答　(1) am　(2) play　(3) Are, am not　(4) Do, do　(5) am not　(6) do not　(7) What movie

6 次の英文を読んで，あとの問いに答えなさい。

I like hip-hop dance. ①〔 not / a / am / dancer / I / very good 〕. ② I (　　　　) to dance lessons. We sometimes have a show. Come and see ③ it.

(1) 下線部①の〔　〕内の語句を並べかえて，意味の通る英文にしなさい。

(2) 下線部②が「私はダンスレッスンに行きます。」という意味になるように，(　)内に適する 1 語を書きなさい。

(3) 下線部③が指すものを本文中の 2 語で書きなさい。

7 〔　〕内の語句を並べかえて，日本文にあう英文を書きなさい。

よく出る (1) あなたはオーストラリア出身ではありません。
〔 are / Australia / you / from / not 〕.

(2) 私はコンピューターを必要としていません。
〔 a computer / do / need / I / not 〕.

8 次の対話が成り立つように，＿＿に適する語を書きなさい。

Tom: ＿＿＿＿ ＿＿＿＿ do you like?

Mai: ＿＿＿＿ ＿＿＿＿ social studies.

9 次の日本文を英語になおしなさい。

(1) 私は木村先生(Mr. Kimura)を知りません。

(2) あなたは美術部に入っていますか。

---

6 本文の理解

(1) be 動詞の否定文。

(2)「行く」を表す動詞。

(3)直前の文に注目する。

7 「～ではありません」，「～しません」

ポイント

「～ではありません」→〈主語＋be 動詞＋not ～.〉
「～しません」→〈主語＋do not[don't]＋一般動詞 ～.〉

8 「どんな[何の]～を…ですか」

ポイント

「あなたはどんな[何の]～を…ですか」→〈What＋名詞＋do you＋一般動詞 ...?〉

9 英作文

おぼえよう!

・Mr.→男性に対して「～さん，～先生」
・Ms.→女性に対して「～さん，～先生」

(2)「あなたは～ですか」→ are を you の前に出す。

解答 p.2

Lesson 1
About Me 〜 文法のまとめ①

30分

/100点

1 ア〜ウの英文を聞いて，絵にあう英文を選び，記号で答えなさい。 ♪a05 〔5点〕

(　　　)

2 対話を聞いて，対話に続く応答として適するものを一つ選び，記号で答えなさい。 ♪a06 〔5点〕

ア　I play basketball.　　イ　No, I don't.　　ウ　Yes, I am.

(　　　)

3 次の日本文にあうように，＿＿に適する語を書きなさい。 5点×3〔15点〕

(1) 私はアメリカ合衆国出身ではありません。

I am ＿＿＿＿ ＿＿＿＿ the U.S.A.

(2) 私はうちにイヌがいます。

I have a dog ＿＿＿＿ ＿＿＿＿.

(3) あなたは公園で写真を撮りますか。

Do you ＿＿＿＿ ＿＿＿＿ in the park?

4 次の対話が成り立つように，＿＿に適する語を書きなさい。 7点×2〔14点〕

よく出る (1) ＿＿＿＿ ＿＿＿＿ a swimmer?

— No, I ＿＿＿＿ ＿＿＿＿.

ミス注意！ (2) ＿＿＿＿ ＿＿＿＿ do you like?

— ＿＿＿＿ ＿＿＿＿ math.

5 次の対話文を読んで，あとの問いに答えなさい。 〔23点〕

❶① [you / Japanese comics / in / are / interested]?
— Yes, I (②). I like *Dragon Ball*.
❷ Do you know any Japanese songs?
— Yes, I (③). ④ I (　　) (　　) J-pop songs.

(1) 下線部①の[ ]内の語句を並べかえて，意味の通る英文にしなさい。 〈7点〉

よく出る (2) ②，③の( )内に適する語を次のア～エから1つずつ選んで，記号で書きなさい。
ア am　イ are　ウ do　エ don't 5点×2〈10点〉
②(　　) ③(　　)

(3) 下線部④が「私はしばしば日本のポップスを歌います。」という意味になるように，( )内に適する語を書きなさい。 〈6点〉

6 次の文を( )内の指示にしたがって書きかえなさい。 7点×2〔14点〕

(1) I am in the tennis club. (下線部を You にかえた文に)

(2) You watch quiz shows. (否定文に)

7 次の日本文を英語になおしなさい。 8点×3〔24点〕

(1) 私は台所をそうじしません。

(2) あなたはスミスさん(Ms. Smith)ではありません。

ミス注意! (3) あなたは何の食べ物が好きですか。

Lesson 2

English Camp ～ 文法のまとめ②

テストに出る！ ココが要点＆チェック！

助動詞 can

教 p.37～p.48

1 can「～できます」

→★(1)

「～(することが)できます」は can を使って，〈主語＋can＋動詞 ～.〉で表す。

I make pudding.　私はプリンを作ります。

⇩

can の文　I can make pudding.　私はプリンを作ることができます。

動詞の前に can を置く　→動詞

2 can の疑問文と否定文

→★(2)(3)

「～できますか」は〈Can＋主語＋動詞の原形 ～?〉，「～できません」は〈主語＋cannot[can't]＋動詞の原形 ～.〉で表す。

肯定文　You can dance.　あなたは踊ることができます。

疑問文　Can you dance?　あなたは踊ることができますか。

Can を文の最初に出す　クエスチョンマークをつける

— Yes, I can. / No, I cannot.　— はい，できます。／いいえ，できません。

→短縮形 can't でもよい

肯定文　I can bake cookies.　私はクッキーを焼くことができます。

⇩

否定文　I cannot bake cookies.　私はクッキーを焼くことができません。

動詞の前に cannot[can't]

短縮形の表現
cannot
→ can't

3「～してもらえませんか」

→★(4)

Can you ～? には「～できますか」という意味のほかに「～してもらえませんか」と相手に依頼する意味もある。

Can you clean the kitchen?　台所をそうじしてもらえませんか。

— Sure.　— もちろん。

→相手の依頼を受けるときは Sure.「もちろん。」などと言う。

How many ～?

教 p.37～p.48

4 How many ～?「どのくらい～ですか」

チェック! ★(5)

「どのくらい～ですか」と数をたずねるときは〈How many＋名詞の複数形～?〉で表す。

疑問文 How many butterflies do you see?　あなたはチョウが何匹見えますか。

〈How many＋名詞の複数形〉を文頭に置く　└▶一般動詞の疑問文の語順を続ける

答え方 — I see six butterflies.　— 6 匹見えます。

複数形の表し方

たいていの語	s をつける 例 cats, pandas
s, z, sh, ch, x で終わる語	es をつける 例 boxes, sandwiches
o で終わる語	s または es をつける 例 pianos, potatoes
子音字＋y で終わる語	y を i にかえて es をつける 例 butterflies, activities

さまざまな数の表し方

0	zero	11	eleven	21	twenty-one
1	one	12	twelve	30	thirty
2	two	13	thirteen	40	forty
3	three	14	fourteen	50	fifty
4	four	15	fifteen	60	sixty
5	five	16	sixteen	70	seventy
6	six	17	seventeen	80	eighty
7	seven	18	eighteen	90	ninety
8	eight	19	nineteen	100	one hundred
9	nine	20	twenty	1,000	one thousand
10	ten				

☆チェック!　(　)内から適する語句を選びなさい。

1 □ (1) Emi (can play / play can) the piano.　絵美はピアノを演奏することができます。

2 □ (2) I (don't / can't) use a computer.　私はコンピューターを使うことができません。

□ (3) (Can / Do) you speak Chinese?　あなたは中国語を話すことができますか。

— Yes, I (can / do).　はい，できます。

3 □ (4) (Are / Can) you cook breakfast?　朝食を料理してもらえませんか。

4 □ (5) How many (dog / dogs) do you have?　あなたは何匹のイヌを飼っていますか。

☆チェック! の答えは次ページ

テスト対策問題

テスト対策ナビ

リスニング

♪ a07

1 対話を聞いて，内容にあう絵を選び，記号で答えなさい。

(　　　)

2 (1)～(6)は単語の意味を書きなさい。(7)～(10)は日本語を英語にしなさい。

(1) main (　　　)　(2) cut (　　　)
(3) send (　　　)　(4) quickly (　　　)
(5) here (　　　)　(6) far (　　　)
(7) いくつかの ＿＿＿＿　(8) 彼の ＿＿＿＿
(9) つかまえる ＿＿＿＿　(10) 書く ＿＿＿＿

2 重要単語
(8) he「彼は」との違いに注意。
(10)最初の w を忘れないようにしよう。

3 次の日本文にあうように，＿＿に適する語を書きなさい。

ミス注意！ (1) ボブ(Bob)と私はピアニストです。
＿＿ ＿＿ ＿＿ are pianists.

(2) 浴室をそうじしてもらえませんか。
＿＿ ＿＿ clean the bathroom?

(3) [(2)に答えて]もちろん。
＿＿.

3 重要表現

ミス注意！
(1)「ボブと私」などというときは，ふつうI「私」を後ろに置く。

(2)(3) Can you ～?「～してもらえませんか。」とそれに対する応答。

よく出る **4** 次の日本文にあうように，＿＿に適する語を書きなさい。

(1) 私は一輪車に乗ることができます。
I ＿＿ ＿＿ a unicycle.

(2) アレックスはフランス語を話すことができません。
Alex ＿＿ ＿＿ French.

4 「～できます」，「～できません」

ポイント
「～できます」
→〈can＋動詞の原形〉
「～できません」
→〈cannot [can't]＋動詞の原形〉

p.13 答　(1) can play　(2) can't　(3) Can, can　(4) Can　(5) dogs

5 次の英文を読んで，あとの問いに答えなさい。

Rei and I (①) the teachers of the cooking activity. Rei is the main teacher. He can cut vegetables quickly. ② [use / well / cannot / a / I / knife]. I am ③ his assistant.

(1) ①の( )内に適する be 動詞を書きなさい。

(2) 下線部②が意味の通る英文になるように，[ ]内の語を並べかえなさい。

(3) 下線部③で「彼の」とありますが，だれのことですか。本文中の1語で書きなさい。

5 本文の理解

(1)主語は Rei and I。

(2) can の否定文。

(3) his は「彼の」という意味。

よく出る 6 次の対話が成り立つように，＿＿に適する語を書きなさい。

(1) *Kana:* ＿＿ ＿＿ ＿＿ do you have?
Mike: — I have five cookies.

(2) *Cathy:* ＿＿ ＿＿ ＿＿ do you need?
Toma: — I need two tickets.

6 「どのくらい〜ですか」

ポイント
数をたずねる言い方〈How many＋名詞の複数形 〜?〉で「いくつの〜」とたずねる文になる。

7 次の日本文を英語になおしなさい。

(1) 彼は中国語を読むことができます。

(2) あなたは踊ることができますか。

(3) 私は上手にテニスをすることができません。

7 英作文

おぼえよう!
(1)「中国語」Chinese など，国名や言語，国籍を表す単語は大文字で始める。

(2) can の疑問文は can を文の最初に出す。
(3) can の否定文は動詞の前に cannot[can't] を置く。

テストに出る！
予想問題
Lesson 2
English Camp ～ 文法のまとめ②

30分　/100点

1 英文や対話を聞いて，それぞれに続く応答として適するものを一つ選び，記号で答えなさい。 a08　6点×2〔12点〕

(1) ア I have two dogs.　イ I have two animals.
ウ I have two rabbits.　(　　)

(2) ア Yes, I can.　イ Yes, I am.
ウ No, I don't.　(　　)

2 次の日本文にあうように，＿＿に適する語を書きなさい。　5点×3〔15点〕

ミス注意！ (1) あなたはいくつかの卵を必要としています。 You need ＿＿ ＿＿.

(2) ブラウン先生はスポーツ活動の先生です。
Mr. Brown is the ＿＿ ＿＿ the sports activity.

(3) 私は落語が好きです。それはとても古典的です。
I like *rakugo*. ＿＿ ＿＿ classical.

よく出る **3** 〔　〕内の語を並べかえて，日本文にあう英文を書きなさい。　6点×4〔24点〕

(1) 私は馬に乗ることができます。　〔 a / ride / I / can / horse 〕.

(2) ジョンは上手にスケートをすることができません。〔 John / skate / cannot / well 〕.

(3) 彼女はバナナを食べることができますか。　〔 eat / she / bananas / can 〕?

(4) ((3)に答えて)はい，できます。　〔 she / can / yes / , 〕.

4 次の対話文を読んで，あとの問いに答えなさい。〔23点〕

Becky: I like ①(you) "Soran Bushi" dance.
Can you send a video to me?

Riku: ②(　　　).
③ [can / video / see / my / you] here.

(1) ①の(　)内の語を適する形になおしなさい。〈8点〉

(2) 下線部②が「もちろん。」という意味になるように，(　)内に適する語を書きなさい。〈7点〉

(3) 下線部③が意味の通る英文になるように，〔　〕内の語を並べかえなさい。〈8点〉

here.

5 次の文を(　)内の指示にしたがって書きかえなさい。6点×2〔12点〕

ミス注意！ (1) Mr. Tanaka can speak Spanish.（疑問文と No で答える文に）

—

(2) I can catch the ball well.（否定文に）

ややや難 **6** 次のようなとき，英語でどのように言うか書きなさい。7点×2〔14点〕

(1)「自分がギターを演奏できる」と相手に伝えるとき。

(2) いくつの箱を持っているか相手にたずねるとき。

Lesson 3

Our New Friend ～ Project 1

テストに出る！ ココが要点&チェック！

is の文，what の文，him と her

教 p.49～p.68

1 「～は…です」

チェック！(1)(2)

主語が I や you 以外の人やもの(単数)のときの「～は…です」は〈主語＋is ～.〉で表す。疑問文や否定文の作り方は am，are のときと同じ。

肯定文 This **is** a dress. これはドレスです。

疑問文 **Is** this Wakaba Shrine? これはわかば神社ですか。
be 動詞を主語の前に出す　クエスチョンマークをつける

— Yes, **it is**. / No, **it is not**. — はい，そうです。／いいえ，そうではありません。
答えるときは it を使う　短縮形を使って it's not[it isn't] でもよい

否定文 This **is not** a dress. これはドレスではありません。
be 動詞 is のあとに not を置く
短縮形 isn't でもよい

短縮形の表現
that is → that's
it is → it's
is not → isn't

2 「～は何ですか」

チェック！(3)

「～は何ですか」と具体的なものをたずねるときは What is[What's]～? で表す。

What is this? これは何ですか。
文の最初に What　be 動詞の疑問文の語順を続ける

— **It** is a library. — それは図書館です。
答えるときは it を使う

短縮形の表現
what is → what's

3 him「彼を[に]」，her「彼女を[に]」

チェック！(4)

男性に対して「彼を[に]」というときは him，女性に対して「彼女を[に]」というときは her で表す。

This is Wakaba-kun. I like **him**. こちらはわかばくんです。私は彼が好きです。

代名詞の形

	「～は[が]」	「～の」	「～を[に]」
私	I	my	me
あなた	you	your	you
彼	he	his	him
彼女	she	her	her

who の文

教 p.58～p.68

4 「～はだれですか」の疑問文

→★(5)

「～はだれですか」と具体的な人をたずねるときは〈Who＋be 動詞＋主語 ～?〉で表す。

Who is this woman?　この女性はだれですか。

文の最初に Who　→be 動詞の疑問文の語順を続ける

— **She** is Makiko.　— 彼女は真紀子(まきこ)です。

→this woman は女性なので，she で答える

短縮形の表現

who is → who's
he is → he's
she is → she's

命令文

教 p.63～p.68

5 命令文

→★(6)(7)

「～しなさい」と指示をするときは，動詞で文を始める。「～してはいけません」と禁止するときは，〈Don't＋動詞 ～.〉，「～しましょう」と誘うときは〈Let's＋動詞 ～.〉で表す。

ふつうの文　You drink coffee.　あなたはコーヒーを飲みます。

⇩

命令文　**Drink** coffee.　コーヒーを飲みなさい。

主語は置かず，動詞で文を始める

否定の命令文　**Don't** drink coffee.　コーヒーを飲んではいけません。

〈Don't＋動詞 ～.〉

誘う文　**Let's** drink coffee.　コーヒーを飲みましょう。

〈Let's＋動詞 ～.〉

be 動詞の命令文

▶am，are，is の命令文は am，are，is を be にかえて，be で文を始める。

ふつうの文　You are a good boy.　あなたはよい少年です。

⇩

命令文　**Be** a good boy.　よい少年でいなさい。

否定の命令文　**Don't be** sad.　悲しんではいけません。

☆チェック!　(　)内から適する語句を選びなさい。

1 □ (1) This (am / is) a banana.　これはバナナです。
□ (2) That (isn't / aren't) a zoo.　あれは動物園ではありません。

2 □ (3) What is (this / that)?　これは何ですか。

3 □ (4) That is Mika. Do you know (him / her)?　あちらは美香です。あなたは彼女を知っていますか。

4 □ (5) (What / Who) is this boy?　この少年はだれですか。

5 □ (6) (You study / Study) math.　数学を勉強しなさい。
□ (7) (Don't / Can't) play the piano.　ピアノを演奏してはいけません。

☆チェック! の答えは次ページ

解答 p.5

テスト対策問題

リスニング

♪ a09

1 英文を聞いて，内容にあう絵を選び，記号で答えなさい。

ア	イ	ウ	エ

(　　)

2 (1)～(4)は単語の意味を書きなさい。(5)，(6)は日本語を英語にしなさい。

(1) learn (　　　　)　(2) letter (　　　　)

(3) weekend (　　　　)　(4) their (　　　　)

(5) 同じ ＿＿＿＿　(6) 人々 ＿＿＿＿

3 次の日本文にあうように，＿＿に適する語を書きなさい。

よく出る (1) なるほど。　I ＿＿＿＿.

(2) ちょっと聞いて！　＿＿＿＿ what!

ミス注意！ (3) あなたはそのイヌと友達になれます。

You can ＿＿＿＿ ＿＿＿＿ with the dog.

よく出る **4** 次の文を(　)内の指示にしたがって書きかえるとき，＿＿に適する語を書きなさい。

(1) This is a hospital.　(疑問文に)

＿＿＿＿ ＿＿＿＿ a hospital?

(2) She is Ms. Yamada.　(否定文に)

She ＿＿＿＿ ＿＿＿＿ Ms. Yamada.

ミス注意！ **5** 次の対話が成り立つように，＿＿に適する語を書きなさい。

＿＿＿＿ is this?　― ＿＿＿＿ is a hawk.

2 重要単語

おぼえよう！
(4) their は人に対して「彼(女)らの」ということも，ものに対して「それらの」ということもできる。

3 重要表現
(2)命令文を使った表現。

ミス注意！
(3)ひとりでは友達になれないので，「友達になる」と言うとき，friend は必ず複数形にする。

4 「～は…です」

ポイント
主語が I や you 以外の人やもの(単数)のときの疑問文や否定文の作り方は am，are のときと同じ。

5 「～は何ですか」

ミス注意！
that や this の疑問文に答えるときは，主語を「それ」という意味の it にかえる。

p.19 答　(1) is　(2) isn't　(3) this　(4) her　(5) Who　(6) Study　(7) Don't

6 次の英文を読んで，あとの問いに答えなさい。

> こんにちは。This is ‘hello’ in Japanese. It is ‘namaste’ in Hindi. ①[is / easy / Japanese / not]. I learn ②it from my friend, Hana. ③She is a good teacher.

(1) 下線部①が意味の通る英文になるように，[ ]内の語を並べかえなさい。

(2) 下線部②が指すものを本文中の1語で書きなさい。

ミス注意! (3) 下線部③が指す人物を本文中の1語で書きなさい。

7 次の文の＿＿に，( )内の語を適する形にかえて書きなさい。

(1) Do you know ＿＿＿＿? (he)

(2) I often see ＿＿＿＿ at the station. (she)

8 次の対話が成り立つように，＿＿に適する語を書きなさい。

＿＿＿＿ ＿＿＿＿ this boy? － He is Takuya.

9 [ ]内の語を並べかえて，日本文にあう英文を書きなさい。

(1) この英語の本を読みなさい。[book / read / English / this].

(2) 写真を撮ってはいけません。[take / a / don't / picture].

10 次の日本文を英語になおしなさい。

(1) あれは私のボールではありません。

(2) あなたは彼を必要としていますか。

---

6 本文の理解

(1) be動詞isの否定文。

(2)直前の文から探す。

ミス注意!
(3) sheは前に出た女性を指す代名詞。

7 「彼を[に]」,「彼女を[に]」

ポイント
「彼を[に]」→ him
「彼女を[に]」→ her

8 「～はだれですか」

ポイント
「～はだれですか」→ Who is[Who's]～?

9 命令文

(1)「～しなさい」は，動詞で文を始める。

(2)「～してはいけません」は〈Don't＋動詞 ～.〉

10 英作文

(1)「～ではありません」はbe動詞のあとにnotを置く。

(2)動詞の後ろに代名詞を置くときは「～を[に]」の形にする。

解答 p.6

Lesson 3 ❶
Our New Friend 〜 Project 1

30分　/100点

1 英文を聞いて，内容にあう絵を一つ選び，記号で答えなさい。　♪ a10　〔6点〕

ア

イ

ウ

エ

(　　　)

よく出る **2** 次の日本文にあうように，＿＿に適する語を書きなさい。　3点×4〔12点〕

(1) 私はスペイン語の「こんにちは。」を知っています。

I know ' ＿＿＿＿ ,' ＿＿＿＿ Spanish.

(2) 彼女は警察署にいます。

She is ＿＿＿＿ the ＿＿＿＿ ＿＿＿＿.

(3) あなたはこの面に絵をかくことができます。

You can draw a picture ＿＿＿＿ ＿＿＿＿ ＿＿＿＿.

(4) 私は音楽が好きです。― 私もです。

I like music. ― ＿＿＿＿, ＿＿＿＿.

3 次の文を（　）内の指示にしたがって書きかえなさい。　6点×3〔18点〕

ミス注意！ (1) This is a carrot.（疑問文と Yes で答える文に）

＿＿＿＿ ＿＿＿＿ a carrot?

― Yes, ＿＿＿＿ is.

(2) You play baseball here.（「〜してはいけません」と禁止する文に）

＿＿＿＿ ＿＿＿＿ baseball here.

(3) He is Taro.（下線部をたずねる疑問文に）

＿＿＿＿ ＿＿＿＿ he?

4 ディヌーは校外学習で神社に来ており，そこで見つけたものについて，学校のウェブ掲示板で，ケイトにたずねています。次の対話文を読んで，あとの問いに答えなさい。〔22点〕

Kate: It's an *ema*. People write ①(they) wishes on one side.
Dinu: That's interesting. Is ②it a souvenir?
Kate: ③( ), it ( ). People leave ①(they) *ema* at the shrine.

(1) 2つある①の( )内の語を適する形になおしなさい。〈8点〉

(2) 下線部②が指すものを本文中の1語で書きなさい。〈7点〉

(3) 下線部③の( )内に適する語を書きなさい。〈7点〉

______, it ______.

やや難 **5** 〔 〕内の語を並べかえて，日本文にあう英文を書きなさい。ただし，1語不要なものがあります。8点×3〔24点〕

(1) これは私のギターではありません。〔 is / that / my / this / guitar / not 〕.

ミス注意! (2) その男の子たちは彼のことが好きですか。〔 boys / him / do / he / the / like 〕?

(3) 公園に行きましょう。〔 to / don't / go / the / let's / park 〕.

6 次の日本文を英語になおしなさい。9点×2〔18点〕

(1) ベッドの上でとびはねてはいけません。

(2) この箱は何ですか。

テストに出る！
予想問題　Lesson 3 ❷ Our New Friend ～ Project 1

30分　/100点

1 英文や対話を聞いて，それぞれに続く応答として適するものを一つ選び，記号で答えなさい。　♪ a11　6点×2〔12点〕

(1) ア No, I'm not.　イ No, I don't.
　ウ No, it isn't.　(　　)

(2) ア Yes, she is.　イ She is my mother.
　ウ I like my mother.　(　　)

2 次の日本文にあうように，＿＿に適する語を書きなさい。　4点×3〔12点〕

よく出る (1) 私は落語を演じることができます。— 本当ですか。
I can perform *rakugo*. — ＿＿＿＿?

(2) あなたはリンゴを無料で手に入れることができます。
You can have an apple ＿＿＿＿ ＿＿＿＿.

ミス注意！ (3) 私には 2 人の女性が見えます。
I can see ＿＿＿＿ ＿＿＿＿.

3 〔　〕内の語句を並べかえて，日本文にあう英文を書きなさい。　6点×4〔24点〕

(1) あれは病院です。　〔 is / a / that / hospital 〕.

＿＿＿＿＿＿＿＿＿＿＿＿＿＿＿＿

(2) 彼は私の大好きなピアニストではありません。
〔 is / he / pianist / not / favorite / my 〕.

＿＿＿＿＿＿＿＿＿＿＿＿＿＿＿＿

(3) この動物は何ですか。　〔 animal / is / what / this 〕?

＿＿＿＿＿＿＿＿＿＿＿＿＿＿＿＿

(4) 私の兄は母のように料理することができます。
〔 cook / my brother / like / can 〕 my mother.

＿＿＿＿＿＿＿＿＿＿＿＿＿＿＿＿ my mother.

4 次の英文を読んで，あとの問いに答えなさい。 〔28点〕

Dear Kazumi,
I play basketball here in the U.S.A. every Sunday. ①[in / a / this / picture / is / letter]. Can you see a woman? The woman is Ms. White. I learn basketball from ②(she). She can play basketball.
③You play basketball well, (　　). Let's play ④it!
Yours,
Tom

(1) 下線部①が「1枚の写真がこの手紙の中にあります。」という意味になるように，[ ] 内の語を並べかえなさい。 〈7点〉

(2) ②の( )内の語を適する形にかえて書きなさい。 〈7点〉

(3) 下線部③が「あなたも上手にバスケットボールをします。」という意味になるように，( ) 内に適する語を書きなさい。 〈7点〉

(4) 下線部④が指すものを本文中の1語で書きなさい。 〈7点〉

やや難 **5** 次のようなとき，英語でどのように言うか書きなさい。 8点×3〔24点〕

ミス注意! (1) ここで日本語を話してはいけないと言うとき。

(2) 「この新聞を読みなさい。」と言うとき。

(3) あなたの理科の先生はだれかとたずねるとき。

Lesson 4

My Family, My Hometown ～ 文法のまとめ④

テストに出る! ココが要点&チェック!

3人称単数現在形の「～します」,「～しますか」

教 p.69～p.82

1 3人称単数現在形の「～します」

チェック! (1)(2)

主語が自分や相手以外の人・もの(3人称)で1人・1つ(単数)のとき,「～します」は一般動詞に(e)s をつけて表す。

I play tennis. 私はテニスをします。

⇩

Miki **plays** tennis. 美紀はテニスをします。

3人称単数 s をつける

3人称単数とは

3人称単数：自分(話し手)と相手(聞き手)以外のすべてのうち，単数のもの

	単数	複数
1人称	I(私)	we(私たち)
2人称	you(あなた)	you(あなたたち)
3人称	he(彼), she(彼女), it(それ) bag, Aya, Japan など	they(彼(女)ら，それら) bags など代名詞以外の複数形

3人称単数現在形

たいていの語	s をつける	例 plays, cooks
s, sh, ch, x, o で終わる語	es をつける	例 washes, goes
子音字+y で終わる語	y を i にかえて es をつける	例 studies
不規則な変化をする語	have → has	

2 3人称単数現在形の疑問文「～しますか」

チェック! (3)(4)

3人称単数現在形(3単現)の「～しますか。」は〈Does＋主語＋動詞の原形 ～?〉で表す。答えの文でも does を使う。

肯定文 Miki plays tennis. 美紀はテニスをします。

⇩

疑問文 **Does** Miki **play** tennis? 美紀はテニスをしますか。

文の最初に Does を置く　動詞を原形にする

短縮形の表現

does not → doesn't

— Yes, she **does**. / No, she **does** **not**. — はい，します。/ いいえ，しません。

does を使って答える　短縮形 doesn't でもよい

3人称単数現在形の「〜しません」

教 p.72〜p.82

3 3人称単数現在形の否定文「〜しません」

→★チェック!(5)

3単現の「〜しません。」は〈主語＋does not[doesn't]＋動詞の原形 〜.〉で表す。

肯定文 Miki plays tennis. 美紀はテニスをします。

⇩

否定文 Miki **does not** **play** tennis. 美紀はテニスをしません。

動詞の前に does not を置く doesn't でもよい
→動詞を原形にする

which，指示代名詞

教 p.70〜p.82

4 which「どちら，どれ」

「AとBのどちらが〜ですか。」と相手に選択肢を与えてたずねるときは Which 〜, A or B? で表す。

Which do you want, strawberry **or** lemon**?** いちごとレモン，どちらがほしいですか。
(Which: どちら / strawberry: A / lemon: B)

— I want lemon. — レモンがほしいです。
→与えられた選択肢の中から答える

5 指示代名詞

これまでに習った this, that などを指示代名詞という。それぞれに複数形がある。

This is my cap. これは私の帽子です。

⇩

These are my caps. これらは私の帽子です。
→主語が複数なので be 動詞は are にする

指示代名詞の単数形と複数形

単数形		複数形
this(これ)	→	these(これら)
that(あれ)	→	those(あれら)

☆チェック! ( )内から適する語を選びなさい。

1
□ (1) Mr. Hayashi (speak / speaks) French. 林さんはフランス語を話します。
□ (2) Nancy (studies / studys) math. ナンシーは数学を勉強します。

2
□ (3) (Do / Does) Yuki have a unicycle? 有希は一輪車を持っていますか。
□ (4) Does Koji (practice / practices) judo? 浩司は柔道を練習しますか。
— No, he (don't / doesn't). — いいえ，しません。

3
□ (5) The boy (don't / doesn't) get up early. その男の子は早く起きません。

4
□ (6) (What / Which) do you like, baseball or soccer? あなたは野球とサッカーのどちらが好きですか。

5
□ (7) (That / Those) are my books. あれらは私の本です。

解答 p.7

テスト対策問題

リスニング

♪ a12

1 絵にあう英文を，放送されるア～ウの中から一つ選び，記号で答えなさい。

(　　)

2 (1)～(6)は単語の意味を書きなさい。(7)～(10)は日本語を英語にしなさい。

(1) hear (　　)　(2) talk (　　)
(3) early (　　)　(4) another (　　)
(5) place (　　)　(6) during (　　)
(7) 家族 ＿＿＿＿　(8) 生徒 ＿＿＿＿
(9) 身につけている ＿＿＿＿　(10) 夕方，晩 ＿＿＿＿

3 次の日本文にあうように，＿＿に適する語を書きなさい。

よく出る (1) 彼の町にはいくつかの有名な寺院があります。
His town ＿＿＿＿ some ＿＿＿＿ temples.

(2) あなたは何時に寝ますか。
＿＿＿＿ ＿＿＿＿ do you go to bed?

(3) あなたはどうですか。
＿＿＿＿ ＿＿＿＿ you?

よく出る **4** 次の文の＿＿に，(　)内の語を適する形(現在形)にかえて書きなさい。

(1) Jane ＿＿＿＿ elephants. (like)
(2) My sister often ＿＿＿＿ to the library. (go)
(3) Sam ＿＿＿＿ Japanese every day. (study)

5 次の対話(現在の文)が成り立つように，＿＿に適する語を書きなさい。

(1) ＿＿＿＿ Haruna watch TV? — Yes, she ＿＿＿＿.
(2) ＿＿＿＿ Kenta read a newspaper?
— No, he ＿＿＿＿ ＿＿＿＿.

2 重要単語

おぼえよう!
(10)morning「朝，午前」
afternoon「午後」
night「夜，晩」

3 重要表現

ポイント
(1)「～があります。」は〈主語＋have[has]～.〉で表せる。

(2) What time ～?「何時～。」

4 「～します」

ミス注意!
3人称単数現在形は4種類
①sをつける。
②esをつける。
③yをiにかえてesをつける。
④不規則に変化する。

5 「～しますか」

ポイント
〈Does＋主語＋動詞の原形 ～?〉
答えるときもdoesを使って答える。

p.27 答 (1) speaks (2) studies (3) Does (4) practice, doesn't (5) doesn't (6) Which (7) Those

6 次の英文を読んで，あとの問いに答えなさい。

These are my parents. ① They are ② (　　) Scotland. They live in London now. My father ③(drive) a taxi. ④ He knows every street ⑤ there.

(1) 下線部①が指すものを本文中の2語で書きなさい。

＿＿＿＿ ＿＿＿＿

(2) 下線部②が「スコットランド出身の」となるように，(　)に入る語を1語で書きなさい。 ＿＿＿＿

(3) ③の(　)内の語を適する形になおしなさい。 ＿＿＿＿

(4) 下線部④が指すものを本文中の2語で書きなさい。

＿＿＿＿ ＿＿＿＿

(5) 下線部⑤が指すものを本文中の2語で書きなさい。

＿＿＿＿ ＿＿＿＿

7 次の日本文にあうように，＿＿に適する語を書きなさい。

(1) 私の兄は朝食を作りません。
My brother ＿＿＿＿ ＿＿＿＿ cook breakfast.

(2) ケイトは歌を歌いません。Kate ＿＿＿＿ ＿＿＿＿ songs.

8 次の対話が成り立つように，＿＿に適する語を書きなさい。

Jack: ＿＿＿＿ do you want, a dog ＿＿＿＿ a cat?
(イヌとネコのどちらがほしいか)

Mika: I ＿＿＿＿ a ＿＿＿＿. (ネコがほしい)

ミス注意! 9 次の文の下線部を複数形にかえて書きかえるとき，＿＿に適する語を書きなさい。

(1) This is her bag.
＿＿＿＿ ＿＿＿＿ her bags.

(2) That is a nice restaurant.
＿＿＿＿ ＿＿＿＿ nice restaurants.

10 次の日本文を英語になおしなさい。

ミス注意! (1) 彩(Aya)は毎日，書道を練習します。

＿＿＿＿＿＿＿＿＿＿＿＿

(2) これらは日本の漫画の本です。

＿＿＿＿＿＿＿＿＿＿＿＿

6 本文の理解

(1)前に出た複数の名詞を指す。

おぼえよう!
(2)「～出身の」
→ from ～

(3) 3人称単数現在形にする。
(4)前に出た男性を指す。
(5)前に出た場所を指す。

7 「～しません」

ポイント
〈主語＋does not [doesn't]＋動詞の原形 ～.〉

(2)短縮形を使う。

8 「どちら，どれ」

「どちら」という意味の疑問詞ではじめる。

9 指示代名詞

ミス注意!
主語によってbe動詞もかわることに注意。

10 英作文

ミス注意!
(1) 3人称単数現在形の肯定文。動詞の形に注意。

テストに出る！
予想問題　Lesson 4 ❶
My Family, My Hometown ～ 文法のまとめ④

30分　/100点

1 英文を聞いて，(　　)内に適する日本語を書きなさい。　♪ a13　〔4点〕

山田先生
担当教科：数学
出身：神奈川県
(　　　)部の顧問

(　　　　　　　)

2 次の日本文にあうように，＿＿に適する語を書きなさい。　3点×5〔15点〕

(1) 私はたいてい6時に起きます。
I usually get up ＿＿＿＿＿＿ six ＿＿＿＿＿＿.

(2) この公園では，走る人もいれば，イヌを散歩させる人もいます。
In this park, ＿＿＿＿＿＿ people run. ＿＿＿＿＿＿ walk their dogs.

(3) 彼はロボットのように話します。
He speaks ＿＿＿＿＿＿ a robot.

(4) 私たちの時計は1時間ごとにメロディーを演奏します。
Our clock plays a melody ＿＿＿＿＿＿ ＿＿＿＿＿＿.

(5) 私の母は学校で数学を教えています。
My mother teaches math ＿＿＿＿＿＿ ＿＿＿＿＿＿.

よく出る

3 次の文の＿＿に，(　)内の語を適する形にかえて書きなさい。ただし，かえる必要がなければそのまま書くこと。　3点×4〔12点〕

(1) Ms. Yoshida ＿＿＿＿＿＿ up early.　(get)

(2) My brother ＿＿＿＿＿＿ a cat.　(have)

ミス注意！ (3) Kana doesn't ＿＿＿＿＿＿ books at home.　(read)

(4) Does Hayato ＿＿＿＿＿＿ a new ball?　(want)

4 〔　〕内の語句を並べかえて，日本文にあう英文を書きなさい。　5点×2〔10点〕

(1) 私の姉は英語部に所属しています。
〔 the / English club / to / my sister / belongs 〕.

＿＿＿＿＿＿＿＿＿＿＿＿＿＿＿＿＿＿＿＿＿＿＿＿

(2) 大吾(Daigo)は彼女のお兄さんを知りません。
〔 know / her / Daigo / not / brother / does 〕.

＿＿＿＿＿＿＿＿＿＿＿＿＿＿＿＿＿＿＿＿＿＿＿＿

5 次の対話文を読んで，あとの問いに答えなさい。 〔19点〕

Ms. Brown: This is my brother, Peter. He ①(play) the bagpipes.
Riku: Bagpipes? ② [music / them / our / not / club / does / have].
Ms. Brown: Bagpipes ③(be) a traditional instrument in Scotland.

(1) ①の(　)内の語を適する形になおしなさい。 〈5点〉

______

やや難 (2) 下線部②が意味の通る英文になるように，〔　〕内の語を並べかえなさい。 〈5点〉

______

(3) ③の(　)内の語を適する形になおしなさい。 〈4点〉

______

(4) Peter とはだれですか。日本語で書きなさい。 〈5点〉

(　　　　　　　　)

よく出る **6** 次の文を(　)内の指示にしたがって書きかえるとき，____に適する語を書きなさい。

5点×4〔20点〕

(1) I walk my dog every morning. (下線部を Kumi にかえた文に)
Kumi ______ her dog every morning.

(2) Mr. Green cleans the bathroom every day. (疑問文と Yes で答える文に)
______ ______ ______ the bathroom every day?
— Yes, ______ ______.

(3) Hiroki swims well. (否定文に)
Hiroki ______ ______ well.

(4) Yumi eats breakfast at seven. (下線部をたずねる疑問文に)
What ______ ______ Yumi eat breakfast?

やや難 **7** 次の日本文を英語になおしなさい。 5点×4〔20点〕

(1) ベス(Beth)はオーストラリアに住んでいます。

______

(2) 私の父は上手にスキーをしません。

______

ミス注意! (3) 健人(Kento)は何の音楽が好きですか。

______

(4) ((3)に答えて)彼はロックの音楽が好きです。

______

テストに出る！
予想問題
Lesson 4 ❷
My Family, My Hometown 〜 文法のまとめ④

🕒 30分　/100点

1 対話と質問を聞いて，その答えとして適するものを一つ選び，記号で答えなさい。 ♪a14

4点×2〔8点〕

(1) ア He likes music.　イ He likes tigers.
ウ He has a sister.　エ He has a brother.　(　　)

(2) ア Yes, she does.　イ No, she doesn't.
ウ She watches TV.　エ She likes dramas.　(　　)

2 次の日本文にあうように，____に適する語を書きなさい。 3点×5〔15点〕

(1) あとで話しましょう。
________ to you ________.

(2) あれらは私のペットです。
________ ________ my pets.

よく出る (3) この写真を見なさい。
________ ________ this picture.

(4) なるほど。
________ ________.

(5) 私は今日ピアノの練習があります。
I ________ piano ________ today.

3 次の文の____に，(　)内の語を，適する形にかえて書きなさい。ただし，かえる必要がなければそのまま書くこと。 3点×3〔9点〕

(1) Ms. Fujita ________ English. (teach)

(2) Koji ________ his homework at the library. (do)

ミス注意！ (3) Cathy doesn't ________ at a summer festival. (dance)

4 次の対話が成り立つように，____に適する語を書きなさい。 5点×3〔15点〕

(1) ________ your father live in Tokyo?
— Yes, ________ ________.

(2) ________ ________ do you study every Sunday?
— I study math.

(3) ________ do you like, tennis ________ baseball?
— I like baseball.

5 次の英文を読んで，あとの問いに答えなさい。 〔26点〕

Edinburgh ①(hold) many famous festivals in the summer. One festival ②(have) traditional music concerts. Performers wear kilts and play (③) bagpipes.

At (④) festival, you can enjoy new art. Some street performers do magic tricks. (⑤) dress up as statues. ⑥[is / a / Edinburgh / place / great].

(1) ①，②の( )内の語を適する形になおしなさい。 4点×2〈8点〉

① ＿＿＿＿＿＿ ② ＿＿＿＿＿＿

(2) ③の( )内に適する1語を書きなさい。 〈5点〉

＿＿＿＿＿＿

ミス注意! (3) ④，⑤の( )内に適する語を，次のア～ウからそれぞれ1つずつ選び，記号で書きなさい。ただし，文頭にくる語も小文字にしてあります。 4点×2〈8点〉

ア another　イ other　ウ others

④(　　) ⑤(　　)

(4) 下線部⑥が「エジンバラはすばらしい場所です。」という意味になるように，[ ]内の語を並べかえなさい。 〈5点〉

＿＿＿＿＿＿＿＿＿＿＿＿＿＿＿＿

やや難 **6** [ ]内の語を並べかえて，日本文にあう英文を書きなさい。ただし，1語不要なものがあります。 5点×3〔15点〕

(1) これらは私の本です。

[these / books / my / is / are].

＿＿＿＿＿＿＿＿＿＿＿＿＿＿＿＿

(2) 私はしばしば家で英語を勉強します。

[studies / often / at / study / English / I] home.

＿＿＿＿＿＿＿＿＿＿＿＿＿＿＿＿ home.

(3) あなたのお父さんは何時に起きますか。

[gets / does / what / your / time / up / father / get]?

＿＿＿＿＿＿＿＿＿＿＿＿＿＿＿＿

7 次の日本文を英語になおしなさい。 6点×2〔12点〕

(1) 私の母はタクシーを運転します。

＿＿＿＿＿＿＿＿＿＿＿＿＿＿＿＿

(2) 千佳(Chika)は英語部に所属しています。

＿＿＿＿＿＿＿＿＿＿＿＿＿＿＿＿

Lesson 5

School Life in the U.S.A. ～ 文法のまとめ⑤

テストに出る! ココが要点&チェック!

現在進行形

教 p.83～p.96

1 「～しています」

チェック! (1)(2)

「～しています[～しているところです]」と今まさにしている最中の動作について言うときは，〈be 動詞(am，are，is)＋動詞の -ing 形〉で表す。

Tom studies math every day. トムは毎日，数学を勉強します。

⇩

Tom **is** **studying** math **now**. トムは今，数学を勉強しています。

〈be 動詞＋動詞の -ing 形〉

→「今」現在進行形の文でよく使われる

ing のつけ方

たいていの語	そのまま ing をつける 例 playing，cooking
e で終わる語	e をとって ing をつける 例 making，using
短母音＋子音字で終わる語	最後の文字を重ねて ing をつける 例 running，getting

2 「～していますか」

チェック! (3)

現在進行形の疑問文は〈be 動詞＋主語＋動詞の -ing 形 ～?〉で表す。答えの文でも be 動詞を使う。

肯定文 Tom is studying math now. トムは今，数学を勉強しています。

疑問文 **Is** Tom **studying** math now? トムは今，数学を勉強していますか。

文の最初に be 動詞を置く

— Yes, he **is**. / No, he **is** **not**. — はい，しています。/ いいえ，していません。

be 動詞を使って答える

→短縮形の isn't でもよい

3 「～していません」

チェック! (4)

現在進行形の否定文は〈主語＋be 動詞＋not＋動詞の -ing 形 ～.〉で表す。

肯定文 Tom is studying math now. トムは今，数学を勉強しています。

⇩

否定文 Tom **is** **not** **studying** math now. トムは今，数学を勉強していません。

→be 動詞のあとに not を置く
短縮形の isn't でもよい

進行形にしない動詞，whose

教 p.83〜p.96

4 進行形にしない動詞

(5)

belong「所属している」や have「持っている」，like「好む」，know「知っている」などの状態を表す動詞は，ふつう進行形にはしない。

× Alex is knowing about Australia.
× 状態を表す動詞は進行形にしない

○ Alex knows about Australia. アレックスはオーストラリアについて知っています。

※「〜している」という日本語にまどわされないように注意！

5 whose「だれの〜」

(6)

「だれの〜」と持ち主をたずねるときは疑問詞 whose を使う。〈Whose＋名詞 〜?〉で「だれの〜ですか。」を表す。

Whose key is this? これはだれの鍵(かぎ)ですか。

— It's **Riku's**. — 陸のものです。
└▶「〜のもの」を表す形

「〜のもの」を表す代名詞

私のもの	mine	彼のもの	his
私たちのもの	ours	彼女のもの	hers
あなた(たち)のもの	yours	彼(女)たちのもの	theirs

人の名前などについて「〜のもの」と言うときは〈人名＋'s〉で表す。
例 Kana's「香奈のもの」，my father's「私の父のもの」

☆チェック! (1)(2)は(　)内の語を適する形になおしなさい。(3)〜(6)は(　)内から適する語句を選びなさい。

1
- □ (1) I am ________ the kitchen now. (clean) 私は今，台所をそうじしています。
- □ (2) Fred is ________ an apple now. (cut) フレッドは今，リンゴを切っています。

2
- □ (3) Is Fumiya (going / goes) to the library? 史也は図書館に行っているところですか。
  — Yes, he (is / does). — はい，そうです。

3
- □ (4) Eri (doesn't / isn't) singing a song. 絵里は歌を歌っていません。

4
- □ (5) We (have / are having) our computers. 私たちは自分のコンピューターを持っています。

5
- □ (6) (Who / Whose) cat is that? あれはだれのネコですか。
  — It's (me / mine). — それは私のものです。

☆チェック! の答えは次ページ

 解答 p.9

テスト対策問題

テスト対策ナビ

リスニング

♪ a15

1 絵にあう英文を，放送されるア～ウの中から一つ選び，記号で答えなさい。

(　　　)

2 (1)～(6)は単語の意味を書きなさい。(7)～(10)は日本語を英語にしなさい。

(1) different (　　　)　(2) choose (　　　)
(3) lovely (　　　)　(4) carry (　　　)
(5) life (　　　)　(6) work (　　　)
(7) 眠る, 寝る ＿＿＿＿　(8) 私のもの ＿＿＿＿
(9) 子ども ＿＿＿＿　(10) チーム ＿＿＿＿

3 次の日本文にあうように，＿＿に適する語を書きなさい。

(1) お手伝いしましょうか。
＿＿＿＿ ＿＿＿＿ help you?

(2) はい，お願いします。＿＿＿＿, ＿＿＿＿.

よく出る (3) この小さいかばんはいかがですか。
＿＿＿＿ ＿＿＿＿ this small bag?

4 次の文の＿＿に，(　)内の語を適する形にかえて書きなさい。

(1) Tom is ＿＿＿＿ lunch. (cook)
(2) My brother is ＿＿＿＿ a bath. (take)
(3) The girls are ＿＿＿＿ social studies. (study)
ミス注意！ (4) The dog is ＿＿＿＿ in the park. (run)

5 次の文を(　)内の指示にしたがって書きかえるとき，＿＿に適する語を書きなさい。

(1) She walks her dog in the park. (現在進行形の疑問文に)
＿＿＿＿ she ＿＿＿＿ her dog in the park?

(2) Toru is talking with Emi. (疑問文と Yes で答える文に)
＿＿＿＿ Toru ＿＿＿＿ with Emi?
— Yes, he ＿＿＿＿.

2 重要単語
(1)⇔ same

おぼえよう！
(8)
「私は」 : I
「私の」 : my
「私を[に]」 : me
「私のもの」 : mine

3 重要表現
買い物で使う表現。

(3)「～はいかがですか」は「～はどうですか」と考える。

4 「～しています」

ミス注意！
(4) run などの〈短母音＋子音字〉の動詞は最後の文字を重ねて ing をつける。

5 「～していますか」

ポイント
・現在進行形の疑問文
〈be 動詞＋主語＋動詞の -ing 形 ～?〉

p.35 答　(1) cleaning　(2) cutting　(3) going, is　(4) isn't　(5) have　(6) Whose, mine

6 次の対話文を読んで，あとの問いに答えなさい。

Mark: Some students bring lunch (①) home. Others buy lunch (②) the cafeteria.
Hana: ③ [is / what / the / eating / boy]?
Mark: He's ④(eat) a taco.

(1) ①，②の(　)に入れるのに適切な語を下のア～ウからそれぞれ一つずつ選び，記号で答えなさい。

ア from　イ about　ウ at

①(　　) ②(　　)

ミス注意! (2) 下線部③が意味の通る英文になるように，[　]内の語を並べかえなさい。

____

(3) ④の(　)内の語を適する形になおしなさい。

____

7 [　]内の語を並べかえて，日本文にあう英文を書きなさい。

(1) 私たちはテニスを練習しているところではありません。
[tennis / not / we / practicing / are].

____

(2) 彼女はうちでテレビを見ているところではありません。
[watching / home / TV / isn't / at / she].

____

ミス注意! **8** 次の文の(　)内から適する語句を選び，〇で囲みなさい。

(1) I (am liking / like) curry.
(2) We (are knowing / know) Emma.

よく出る **9** 次の対話が成り立つように，____に適する語を書きなさい。

Meg: ______ ______ is this?(これはだれの鉛筆？)
Bob: It's ______. (それは彼女のもの)

10 次の日本文を英語になおしなさい。

(1) その少年は海で泳いでいるところです。

____

(2) あなたのお父さんは自分の顔を洗っているところですか。

____

(3) 私はギターを演奏しているところではありません。

____

6 本文の理解

(2) What ではじまる現在進行形の疑問文。

(3)直前の He's は He is の短縮形。

7 「～していません」

ポイント
・現在進行形の否定文
〈主語＋be 動詞＋not＋動詞の -ing 形 ～.〉

8 進行形にしない動詞

ミス注意！
belong, have, like, know などの状態を表す動詞はふつう進行形にはしない。

9 「だれの～」
「だれの～」
→〈whose＋名詞〉

10 英作文

(1)現在進行形の肯定文

(2)現在進行形の疑問文

(3)現在進行形の否定文

テストに出る！
予想問題 Lesson 5 School Life in the U.S.A. ～ 文法のまとめ⑤

30分　/100点

1 対話や英文と質問を聞いて，その答えとして適するものを一つ選び，記号で答えなさい。

a16　4点×2〔8点〕

(1) ア He is reading a book.　イ He is reading a letter.
ウ He is doing his homework.　(　　)

(2) ア She is cooking lunch.　イ She is using a computer.
ウ She is listening to music.　(　　)

2 次の日本文にあうように，___に適する語を書きなさい。　3点×5〔15点〕

(1) 私は自分の鍵を探しています。
I'm ______ ______ my key.

(2) 生徒たちは彼ら自身のコンピューターを持っています。
Students have ______ ______ computers.

(3) 私はボランティアとしてこの市をそうじします。
I clean this city ______ a volunteer.

よく出る (4) あなたはしばしば音楽を聞きますか。
Do you often ______ ______ music?

(5) 私たちはときどき放課後，公園へ行きます。
We sometimes go to a park ______ ______.

よく出る **3** 次の文の___に，(　)内の語を，適する形にかえて書きなさい。　3点×5〔15点〕

(1) Mr. Green is ______ with the students. (talk)

(2) Mika and Ken are ______ their mother. (help)

(3) Is my sister ______ her guitar? (play)

ミス注意！ (4) The child is ______ well. (swim)

(5) The girls are not ______ baseball now. (practice)

よく出る **4** 次の文を(　)内の指示にしたがって書きかえるとき，___に適する語を書きなさい。

4点×3〔12点〕

(1) Nancy carries her guitar. (now を加えて現在進行形の文に)
Nancy ______ ______ her guitar now.

(2) We are going to the park. (否定文に)
We ______ ______ to the park.

(3) This is <u>Rika's</u> umbrella. (下線部をたずねる文に)
______ ______ is this?

5 次の英文を読んで，あとの問いに答えなさい。 〔20点〕

My friend, Kevin, is in the next (①) pictures. In one picture, ②he is throwing a football. In the other picture, he is ③(run) a sprint. He is on the football team in the fall. In the spring, he is on the track and field team. He likes sports.
④[you / school / after / what / do / in / do] Japan? Please send (⑤) e-mail to me.

ややや難 (1) ①の( )に適する数を英語のつづりで書きなさい。 〈5点〉

(2) 下線部②が指す人物を英語で書きなさい。 〈4点〉

(3) ③の( )内の語を適する形になおしなさい。 〈4点〉

(4) 下線部④が意味の通る英文になるように，[ ]内の語を並べかえなさい。 〈4点〉

__________ Japan?

ミス注意! (5) ⑤の( )内に適する冠詞を a，an のうちから1つ選び，書きなさい。 〈3点〉

ややや難 **6** [ ]内の語句を並べかえて，日本文にあう英文を書きなさい。 5点×2〔10点〕

(1) 彼女の母はピアノの先生として働いています。
[a piano teacher / is / her / as / mother / working].

(2) あなたはラジオを聞いているのですか。
[you / listening / radio / are / the / to]?

ややや難 **7** 次の絵を見て，それぞれの人物が今，していることを英語で書きなさい。 5点×4〔20点〕

(1)

(2)

(3)

(4)

Lesson 6

Discover Japan ～ Project 2

テストに出る! ココが要点&チェック!

一般動詞の過去の肯定文，疑問文

教 p.97～p.112

1 「～しました」(規則動詞，不規則動詞)

チェック! (1)(2)

過去の動作や状態について「～しました」と言うときは動詞を過去形にする。動詞には語尾が(e)dで終わる規則動詞と，不規則に形がかわる不規則動詞がある。

規則動詞

現在形 Amy enjoys karaoke every Sunday. エイミーは毎週日曜日にカラオケを楽しみます。

⇩

過去形 Amy **enjoyed** karaoke last Sunday. エイミーはこの前の日曜日にカラオケを楽しみました。

動詞を過去形にする　過去を表す語句

過去 ―― 現在 ―― 未来

enjoyed　すでに終わっている　enjoy(s)

規則動詞の過去形

たいていの語	ed をつける	例 visited，looked
e で終わる語	d をつける	例 used，lived
子音字＋y で終わる語	y を i にかえて ed をつける	例 studied，carried
短母音＋子音字で終わる語	最後の文字を重ねて ed をつける	例 stopped(「やめる」の過去形)

不規則動詞

Amy **went** to Hiroshima last year. エイミーは昨年，広島へ行きました。

go の過去形

おもな不規則動詞の過去形

母音の部分が変化	語尾が d や t に変化	語尾の子音が変化	その他
come → came	tell → told	have → had	go → went
give → gave	lose → lost	make → made	put → put
eat → ate	keep → kept		

2 「～しましたか」

チェック! (3)

過去の疑問文「～しましたか」は〈Did＋主語＋動詞の原形 ～?〉で表す。主語に関係なく Did ～? の形になる。

肯定文 Amy enjoyed karaoke last Sunday.

⇩ エイミーはこの前の日曜日にカラオケを楽しみました。

疑問文 **Did** Amy enjoy karaoke last Sunday?

文の最初に Did を置く　動詞を原形にする

エイミーはこの前の日曜日にカラオケを楽しみましたか。

― Yes, she **did**. / No, she **did not**. ― はい，楽しみました。/ いいえ，楽しみませんでした。

did を使って答える　短縮形の didn't でもよい

短縮形の表現

did not → didn't

一般動詞の過去の否定文

教 p.100～p.112

3 「～しませんでした」

→★ (4)(5)

否定文は〈主語＋did not[didn't]＋動詞の原形 ～.〉の形にする。

肯定文 Amy enjoyed karaoke last Sunday.

エイミーはこの前の日曜日にカラオケを楽しみました。

⇩

否定文 Amy **did not enjoy** karaoke last Sunday.

動詞の前に did not を置く 短縮形の didn't でもよい　動詞を原形にする

エイミーはこの前の日曜日にカラオケを楽しみませんでした。

「…が『～』と言いました」，「～へはどうやったら行けますか」

教 p.102～p.107

4 「…が『～』と言いました」

(6)

「…が『～』と言いました。」と人の発言を伝えるときは〈主語＋said, "～."〉で表す。"～" の中には発言をそのまま入れる。

Aya said, "I have to go**."**

彩は「私は行かなければなりません。」と言いました。

5 「～へはどうやったら行けますか」

(7)

「～へはどうやったら行けますか。」と目的地までの道順や交通手段をたずねるときは〈How can I get to＋目的地 ?〉で表す。

How can I get to Midori Station?

「どうやったら～に行けますか。」　目的地

どうやったらミドリ駅に行けますか。

― **Turn right** at the first corner.

― 1つ目の角を右に曲がってください。

☆チェック！　(　)内から適する語を選びなさい。

1
- □ (1) I (play / played) baseball yesterday.　私はきのう，野球をしました。
- □ (2) We (studied / study) math last Friday.　私たちはこの前の金曜日に数学を勉強しました。

2
- □ (3) Did Ken (dance / danced)?　健は踊りましたか。
  — Yes, he (do / did).　— はい，踊りました。

3
- □ (4) I (do / did) not help my mother.　私は母を手伝いませんでした。
- □ (5) You (don't / didn't) get up late today.　あなたは今日遅く起きませんでした。

4
- □ (6) Tom (say / said), "I want many friends."　トムは「私はたくさんの友達がほしいです。」と言いました。

5
- □ (7) (How / What) can I get to the hospital?　どうやったらその病院に着けますか。

☆チェック！の答えは次ページ

テスト対策問題

リスニング

♪ a17

1 対話を聞いて，質問の答えとして適切な絵を選び，記号で答えなさい。

(　　　)

2 (1)～(6)は単語の意味を書きなさい。(7)～(10)は日本語を英語にしなさい。

(1) experience (　　　　　)　(2) already (　　　　　)
(3) join (　　　　　)　(4) view (　　　　　)
(5) remember (　　　　　)　(6) garden (　　　　　)
(7) 勝つ ＿＿＿＿＿　(8) それの ＿＿＿＿＿
(9) 待つ ＿＿＿＿＿　(10) 紙の ＿＿＿＿＿

3 次の日本文にあうように，＿＿に適する語を書きなさい。

よく出る (1) 私は初めてテニスをしました。
I played tennis ＿＿＿＿＿ the first ＿＿＿＿＿.

(2) 彼は日本の映画についてたくさん知っています。
He knows ＿＿＿＿＿ ＿＿＿＿＿ about Japanese movies.

(3) 私たちは沖縄へ旅行しました。
We ＿＿＿＿＿ a ＿＿＿＿＿ to Okinawa.

(4) 何とすてきな花でしょう！
＿＿＿＿＿ ＿＿＿＿＿ nice flower!

4 次の文の＿＿に，(　)内の語を適する形にかえて書きなさい。

(1) I ＿＿＿＿＿ with Mr. White yesterday. (talk)
(2) We ＿＿＿＿＿ science two days ago. (study)
ミス注意！ (3) John ＿＿＿＿＿ his wallet yesterday. (drop)
ミス注意！ (4) I ＿＿＿＿＿ to the amusement park last Sunday. (go)

5 次の文を(　)内の指示にしたがって書きかえるとき，＿＿に適する語を書きなさい。

Jiro enjoyed the festival last week. (疑問文とNoで答える文に)
＿＿＿＿＿ Jiro ＿＿＿＿＿ the festival last week?
— No, he ＿＿＿＿＿.

2 重要単語
(8) it の所有格

3 重要表現

おぼえよう！
(2) a lot →「たくさん」

ポイント
(4)〈What a＋形容詞＋名詞！〉で「なんと～な…でしょう！」という意味。

4 「～しました」

ミス注意！
(3)〈短母音＋子音字〉で終わる語⇒最後の文字を重ねて ed をつける。

5 「～しましたか」

ポイント
〈Did＋主語＋動詞の原形 ～?〉の形にする。

p.41 答　(1) played　(2) studied　(3) dance, did　(4) did　(5) didn't　(6) said　(7) How

6 次の対話文を読んで，あとの問いに答えなさい。

Kate: I enjoyed sightseeing and shopping. I ①(buy) this.
Dinu: I saw ② it on your blog. What a pretty scarf!
Kate: Thanks. ③ [not / a / it's / scarf / really].

(1) ①の( )内の語を適する形になおしなさい。

____

(2) 下線部②について Dinu はそれを何だと思っていましたか。本文中の英語 1 語で答えなさい。 ________

(3) 下線部③が意味の通る英文になるように，［ ］内の語を並べかえなさい。

____

7 次の日本文にあうように，____に適する語を書きなさい。

(1) 私は父を手伝いませんでした。
I ______ ______ ______ my father.

(2) ピーターは今朝，朝食を作りませんでした。
Peter ______ ______ breakfast this morning.

8 ［ ］内の語を並べかえて，日本文にあう英文を書きなさい。

その少年は「ありがとう。」と言いました。
［ you / boy / said / the / thank / , / " / ." ］

____

ミス注意! 9 次の対話が成り立つように，____に適する語を書きなさい。

Riku: ______ can I ______ to Asahi Station?
(どうやったら朝日駅に着けるか)
Woman: Turn ______ at the ______ corner.
(3つ目の角を左に曲がって)

10 次の日本文を英語になおしなさい。

(1) 美由紀(Miyuki)は昨夜，ギターを演奏しました。

____

(2) あなたはきのう，たくさんの写真を撮りましたか。

____

(3) [(2)に答えて]はい，撮りました。

____

6 本文の理解

(2) it と同じものを表す語が it よりあとにくることもある。直後の文に注目する。
(3) be 動詞の否定文。

7 「〜しませんでした」

ポイント
〈主語+did not [didn't]+動詞の原形〜.〉の形にする。

8 「…が『〜』と言いました」

ポイント
〈主語+said, "〜."〉の形にする。

9 「〜へはどうやったら行けますか」

ミス注意!
「3つ目」は one, two, three などの数ではなく序数(first, second, third など)を使って表す。

10 英作文

(2)過去の疑問文。

(3)答えるときも did を使う。

テストに出る！
予想問題
Lesson 6 ❶
Discover Japan ～ Project 2

30分　/100点

1 表にあう英文を，放送されるア～ウの中から一つ選び，記号で答えなさい。 ♪a18 〔4点〕

(　　　)

2 次の日本文にあうように，___に適する語を書きなさい。 3点×3〔9点〕

(1) その祭りは私を感動させました。
The festival __________ my __________.

(2) 森先生は英語の授業を受け持っています。
Ms. Mori is __________ __________ of the English class.

ミス注意！ (3) 和美は中国でよい経験をしました。
Kazumi __________ a good __________ in China.

よく出る **3** 次の文の___に，(　)内の語を適する形にかえて書きなさい。 4点×3〔12点〕

(1) We __________ basketball in the gym yesterday.　(enjoy)

(2) Takuya __________ sushi last Sunday.　(eat)

(3) I __________ Mr. Ishii at the station yesterday.　(see)

4 〔　〕内の語句を並べかえて，日本文にあう英文を書きなさい。 5点×3〔15点〕

(1) 私は３年前，ロンドンに住んでいました。
[London / I / in / three / lived / years] ago.
______________________________ ago.

(2) あなたはあなたのお母さんへの花を買いましたか。
[flowers / your mother / you / for / buy / did]?
____

(3) どうやったらその博物館に行けますか。
[the museum / can / to / how / I / get]?
____

5 次の英文を読んで，あとの問いに答えなさい。 〔21点〕

My family ①(take) a trip to Takamatsu, Kagawa.

We went to Konpira-san. My brother and I climbed all 1,368 steps. ②[a / parents / in / my / waited] sweet shop.

Then we all joined an *udon* class. *Udon* is like spaghetti, but *udon* is soft and thick. I made ③it ④(　　) the (　　) time. I liked the taste.

(1) ①の(　)内の語を適する形になおしなさい。 〈5点〉

____

(2) 下線部②が意味の通る英文になるように，[　]内の語を並べかえなさい。 〈6点〉

________ sweet shop.

(3) 下線部③が指すものを本文中の1語で書きなさい。 〈5点〉

____

(4) 下線部④が「初めて」という意味になるように，(　)に適する語を1語ずつ書きなさい。 〈5点〉

________ the ________ time

よく出る **6** 次の文を(　)内の指示にしたがって書きかえるとき，____に適する語を書きなさい。 6点×3〔18点〕

(1) Hiroshi cooks breakfast every day. （下線部を yesterday にかえた文に）

Hiroshi ________ breakfast yesterday.

ミス注意！ (2) You visited Ken's house last Saturday. （疑問文と Yes で答える文に）

________ ________ ________ Ken's house last Saturday?

— Yes, ________ ________.

ヤヤ難 (3) She listened to music yesterday. （下線部をたずねる疑問文に）

________ ________ she ________ yesterday?

ヤヤ難 **7** 次の日本文を英語になおしなさい。 7点×3〔21点〕

(1) あなたの妹は昨夜，彼女の携帯電話(mobile phone)を使いましたか。

____

(2) [(1)に答えて]いいえ，使いませんでした。

____

(3) 私は歩美(Ayumi)にこの手紙を送りませんでした。

____

 解答 p.13

テストに出る！

予想問題 Lesson 6 ❷ Discover Japan ～ Project 2

30分 /100点

1 対話と質問を聞いて，その答えとして適するものを選び，記号で答えなさい。 ♪ a19

4点×2〔8点〕

(1) ア He bought a DVD. イ He bought shoes.
ウ He bought a ball. (　　)

(2) ア He saw a movie. イ He talked with Amy.
ウ He helped his mother. (　　)

2 次の日本文にあうように，＿＿に適する語を書きなさい。 3点×5〔15点〕

(1) 壮太は初めて夕食を作りました。
Sota cooked dinner for ＿＿＿＿ ＿＿＿＿ ＿＿＿＿.

(2) なんと大きい家でしょう！
＿＿＿＿ ＿＿＿＿ big house!

(3) どうやったら郵便局に行けますか。
＿＿＿＿ ＿＿＿＿ I get to the post office?

(4) 私は元日に，たいてい家族といっしょに寺院へ行きます。
I usually go to a temple with my family on ＿＿＿＿ ＿＿＿＿ ＿＿＿＿.

(5) (だれかに話しかけるとき)すみません。
＿＿＿＿ ＿＿＿＿.

3 次の文の＿＿に，(　)内の語を適する形にかえて書きなさい。ただし，かえる必要がなければそのまま書くこと。 3点×4〔12点〕

(1) Tina ＿＿＿＿ to music last night. (listen)

(2) My dog ＿＿＿＿ two years ago. (die)

ミス注意！ (3) Did you ＿＿＿＿ a trip last month? (take)

(4) Daiki ＿＿＿＿ to Wakayama last month. (go)

よく出る **4** 次の対話が成り立つように，＿＿に適する語を書きなさい。 4点×3〔12点〕

(1) ＿＿＿＿ you clean your house yesterday?
— Yes, ＿＿＿＿ ＿＿＿＿.

(2) ＿＿＿＿ your sister watch that drama last night?
— No, ＿＿＿＿ ＿＿＿＿.

(3) ＿＿＿＿ ＿＿＿＿ you do last Saturday?
— I practiced volleyball with my friends.

5 次の英文を読んで，あとの問いに答えなさい。 〔19点〕

① [the / am / on / team / I / baseball]. Last Sunday, I had a big game. All the members of the team practiced hard for ② it. On the day of the game, we worked hard, but we didn't win the game.

After the game, our parents ③(make) rice balls for us. I had ④ them a lot, and became happy. I had a good time last Sunday.

注：member 一員　hard 一生懸命に　us 私たちを　became ～になった　have a good time 楽しい時をすごす

(1) 下線部①が「私は野球部の一員です。」という意味になるように，[ ]内の語を並べかえなさい。 〈6点〉

(2) 下線部②が指すものを本文中の3語で書きなさい。 〈5点〉

ミス注意! (3) ③の( )内の語を適する形になおしなさい。 〈4点〉

(4) 下線部④が指すものを本文中の2語で書きなさい。 〈4点〉

6 [ ]内の語を並べかえて，日本文にあう英文を書きなさい。 5点×2〔10点〕

(1) 私のスカーフを見ましたか。
[scarf / you / see / did / my]?

(2) きょうは理科の授業がありませんでした。
[not / a / we / class / have / science / did] today.

today.

やや難 **7** 次の絵を見て，それぞれの人物がきのうしたことを英語で書きなさい。 6点×4〔24点〕

(1) Hiroki, play	(2) Karen, school	(3) The boy, book	(4) They, mountain

(1)
(2)
(3)
(4)

Wheelchair Basketball ～ 文法のまとめ⑦

テストに出る！ ココが要点＆チェック！

be 動詞の過去形，過去進行形

教 p.113～p.126

1 「～でした」

➡チェック！★(1)(2)

過去の状態について「～でした」と言うときは**be 動詞の過去形**を使う。am，is の過去形は**was**，are の過去形は**were**。

現在形 My father is a soccer fan now.　私の父は今，サッカーのファンです。

⇩

過去形 My father **was** a soccer fan then.　私の父はその時サッカーのファンでした。
be 動詞を過去形にする　→過去を表す語句

過去形 My parents **were** soccer players then.　私の両親はその時サッカー選手でした。
主語が複数のときは were

2 「～でしたか」，「～ではありませんでした」

➡チェック！★(3)(4)

be 動詞の過去の疑問文・否定文の作り方は am，are，is のときと同じく，疑問文は**be 動詞を主語の前に出し**，否定文は**be 動詞のあとに not** を置く。

肯定文 Your father was a soccer fan then.　あなたのお父さんはその時サッカーのファンでした。

疑問文 **Was** your father a soccer fan then?　あなたのお父さんはその時サッカーのファンでしたか。
was[were]を文の最初に置く

— Yes, he **was**. / No, he **was not**.　— はい，そうでした。／いいえ，そうではありませんでした。
→短縮形 wasn't でもよい

否定文 My father **was not** a soccer fan then.
was[were]の後ろに not を置く

私の父はその時サッカーのファンではありませんでした。

短縮形の表現
was not → wasn't
were not → weren't

3 「～していました」

➡チェック！★(5)

過去のある時点で進行中だった動作について「～していました」と言うときは**過去進行形〈was[were]＋動詞の -ing 形 ～〉**で表す。疑問文・否定文の作り方は be 動詞の文と同じ。

現在進行形 I am watching TV now.　私は今，テレビを見ています。

過去進行形 I **was watching** TV then.　私はその時テレビを見ていました。
〈was[were]＋動詞の -ing 形〉　→過去を表す語句

look「〜に見えます」

教 p.124

4 look「〜に見えます」

 (6)

「〜(の状態)に見えます」と，見た感じの様子を表すときは〈look＋形容詞〉の形にする。疑問文・否定文はその他の一般動詞の疑問文・否定文の作り方と同じ。

肯定文 You **look** happy.　あなたはうれしそうに見えます。
〈look＋形容詞〉

疑問文 **Do I** look happy?　私はうれしそうに見えますか。
— Yes, you do. / No, you don't.　— はい，見えます。／いいえ，見えません。

否定文 You **don't** look happy.　あなたはうれしそうに見えません。

look「〜に見える」と be 動詞の関係

You **are** happy.　あなたは幸せです。
⇩ You=happy
You **look** happy.　あなたは幸せそうに見えます。
どちらも「あなた＝幸せ」の関係になる。

冠詞(かんし)

教 p.113〜p.126

5 冠詞

(7)

名詞の前に置く the，a，an のことを冠詞という。特定のものについて言うときは the を使い，それ以外の場面では「1つの」という意味の a，an を使う。

I go to **the** library every Sunday.　私は毎週日曜日に図書館に行きます。
話し手，聞き手ともにどの図書館のことかわかっている

Do you have **a** library in this town?　この町に図書館はありますか。
どの図書館かは特定していないが，ある1つの図書館

I have **an** apple.　私はリンゴを持っています。
名詞が母音(a，i，u，e，o に似た音)で始まるときは an を使う

☆チェック!　(　)内から適する語句を選びなさい。

1
- □ (1) I (am / was) sad then.　私はその時悲しかったです。
- □ (2) The students (were / was) in the gym.　生徒たちは体育館にいました。

2
- □ (3) (Was / Were) Ms. Kimura your math teacher?　木村先生はあなたの数学の先生でしたか。
- □ (4) He (didn't / wasn't) at home yesterday.　彼はきのう，家にいませんでした。

3
- □ (5) I was (listen / listening) to music then.　私はその時音楽を聞いていました。

4
- □ (6) This picture (looks / looks at) beautiful.　この絵は美しく見えます。

5
- □ (7) Do you have (a / an) apple?　あなたはリンゴを持っていますか。

☆チェック! の答えは次ページ

解答 p.15

テスト対策問題

テスト対策ナビ

リスニング

♪ a20

1 絵にあう英文を，放送されるア～ウの中から一つ選び，記号で答えなさい。

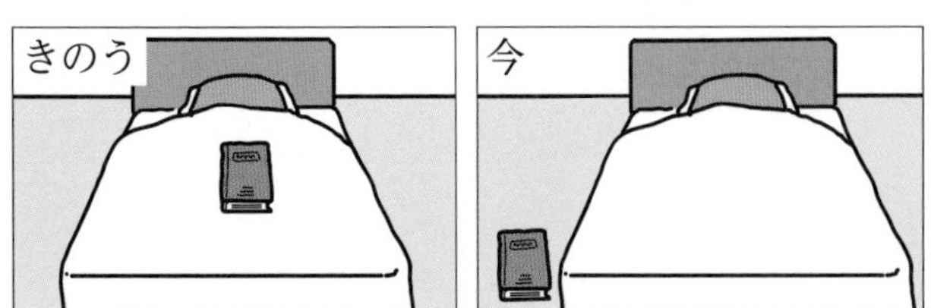

(　　)

2 (1)～(6)は単語の意味を書きなさい。(7)～(10)は日本語を英語にしなさい。

(1) always (　　)　(2) everybody (　　)
(3) difficult (　　)　(4) mind (　　)
(5) national (　　)　(6) lose (　　)
(7) can の過去形 ＿＿＿　(8) メッセージ ＿＿＿
(9) draw の過去形 ＿＿＿　(10) 愛する ＿＿＿

3 次の日本文にあうように，＿＿に適する語を書きなさい。

(1) 私はよく冬にスキーに行きます。
I often ＿＿＿ ＿＿＿ in the winter.

(2) 私は起きました。同時に弟も起きました。
I got up. ＿＿＿ the ＿＿＿ time, my brother got up, too.

よく出る **4** 次の文の＿＿に，was，were のうち適する語を書きなさい。

(1) I ＿＿＿ in Kyoto last week.
(2) They ＿＿＿ junior high school students last year.
(3) My sister ＿＿＿ happy yesterday.
ミス注意！ (4) Mike and John ＿＿＿ surprised.

5 次の文を(　)内の指示にしたがって書きかえるとき，＿＿に適する語を書きなさい。

(1) Kazu is busy. (過去の疑問文と Yes で答える文に)
＿＿＿ ＿＿＿ busy? — Yes, he ＿＿＿.

(2) Those students were tired. (過去の否定文に)
Those students ＿＿＿ ＿＿＿ tired.

(3) They are interested in the concert. (過去の否定文に)
They ＿＿＿ ＿＿＿ in the concert.

2 重要単語

おぼえよう!
buy の過去形：bought
come の過去形：came
eat の過去形：ate
go の過去形：went
have の過去形：had

(10) like ～ very much でも表せる。

3 重要表現

ポイント
(1) go ～ing で「～しに行く」という意味になる。

4 「～でした」

ミス注意!
(4)主語が A and B のときは，主語が複数と考える。

5 「～でしたか」,「～ではありませんでした」

ポイント
過去形の疑問文(be動詞)
was[were] を主語の前に出す。
過去形の否定文(be動詞)
was[were] のあとに not をつける。

p.49 答　(1) was　(2) were　(3) Was　(4) wasn't　(5) listening　(6) looks　(7) an

6 次の対話文を読んで，あとの問いに答えなさい。

Mark: I missed your phone call. What's up?
Jing: ①[a problem / my / I / with / had / homework], but I worked ②it out.
Mark: Sorry. I ③(be) at the sports center.

(1) 下線部①が意味の通る英語になるように，[ ]内の語句を並べかえなさい。

______

(2) 下線部②が指すものを本文中の2語で書きなさい。

______ ______

(3) ③の( )内の語を適する形になおしなさい。 ______

6 本文の理解

(1) problem with ～「～についての問題」

(3)マークの1つ目の発言が過去形であることに注目。

7 [ ]内の語句を並べかえて，日本文にあう英文を書きなさい。

(1) ボブは風呂に入っているところでしたか。
[bath / was / a / Bob / taking]?

______

(2) グリーン先生は英語を教えているところではありませんでした。
[teaching / Ms. Green / not / English / was].

______

7 「～していましたか」「～していませんでした」

ポイント
過去進行形の疑問文・否定文の作り方はbe動詞の過去の文と同じ。

8 次の日本文にあうように，____に適する語を書きなさい。

(1) メアリーは驚いているように見えません。
Mary ______ ______ surprised.

(2) あなたのケーキはおいしそうに見えます。
Your cake ______ ______.

8 「～に見えます」

ポイント
「～に見えます」は〈look＋形容詞〉で表す。

9 ( )内の適する語を選びなさい。

(1) I want (a / an) new bag.

ミス注意! (2) He usually has (a / an) egg for breakfast.

9 冠詞

ミス注意!
(2)名詞が母音(a, i, u, e, oに似た音)で始まるときはanを使う。

10 次の日本文を英語になおしなさい。

(1) あなたはわくわくしていましたか。

______

(2) 昨夜7時，私の姉は料理していました。

______

(3) あなたは空腹そうに見えます。

______

10 英作文

(1) be動詞の過去の疑問文。
(2)過去進行形の文。
(3)「空腹の」hungry

テストに出る! 予想問題

Lesson 7
Wheelchair Basketball 〜 文法のまとめ⑦

30分 /100点

1 対話を聞いて，対話に続く応答として適するものを一つ選び，記号で答えなさい。 a21 〔5点〕

ア Yes, I was. イ No, I was not.
ウ I was in the classroom. エ I was talking with Eri. (　　)

2 次の日本文にあうように，___に適する語を書きなさい。 4点×2〔8点〕

(1) 楽しそうに思われます。
______ ______ fun.

(2) 私のラジオには問題がありましたが，私はそれを解決しました。
My radio had a problem, but I ______ it ______.

よく出る **3** 次の文の___に，( )内の語を，適する形にかえて書きなさい。 4点×5〔20点〕

(1) I ______ in Tokyo three years ago. (be)
(2) The students were ______ for Mr. Kagawa. (look)
(3) Daiki and Yuka ______ not friends five years ago. (be)
ミス注意! (4) My sister ______ listening to music now. (be)
(5) Some girls were ______ at the library. (study)

4 次の文を( )内の指示にしたがって書きかえるとき，___に適する語を書きなさい。 4点×2〔8点〕

(1) Emma was tired after the game. (否定文に)
____

ミス注意! (2) You were watching TV then. (下線部をたずねる疑問文に)
____

5 〔 〕内の語句を並べかえて，日本文にあう英文を書きなさい。 6点×3〔18点〕

(1) 私の父はとても幸せそうに見えます。 〔 very / father / happy / my / looks 〕.
____

(2) ホワイト先生は先月，日本にいませんでした。
〔 Mr. White / Japan / was / in / not 〕 last month.
________________________ last month.

(3) 和也(Kazuya)は弟といっしょに入浴していましたか。
〔 with / Kazuya / was / a bath / his brother / taking 〕?
____

6 次の英文を読んで，あとの問いに答えなさい。 〔20点〕

Basketball was my life. I had a clubfoot, but I still played. At age thirteen, my foot's condition changed. I ①(can) not play basketball anymore. I was very sad. (②) the same time, I played wheelchair basketball, too. I did not like ③ it very much. ④ [really / to / basketball / was / it / not] me.

At sixteen, our wheelchair basketball team played against Australian and US teams. Their players were fast, skillful, and full of energy. ⑤ They always did their best. (⑥) all, they really loved wheelchair basketball.

(1) ①の( )内の語を適する形になおしなさい。 〈4点〉

____

(2) ②と⑥の( )に入る語として適当なものを次のア～エからそれぞれ一つずつ選び，記号で答えなさい。 2点×2〈4点〉

ア Above イ On ウ In エ At

②( ) ⑥( )

(3) 下線部③が指すものを本文中の2語で書きなさい。 〈4点〉

________ ________

(4) 下線部④が「それは私にとって本当にバスケットボールではありませんでした。」という意味になるように，〔 〕内の語を並べかえなさい。 〈4点〉

________ me.

(5) 下線部⑤が指すものとして____にあてはまるものを本文中の4語で書きなさい。 〈4点〉

the players of ________ ________ ________ ________

やや難 **7** 次の絵にあうように，それぞれの書き出しに続けて「…は8時に～していました。」という意味の英語を書きなさい。 7点×3〔21点〕

Mai
Yutaka

(1) A dog ________.

(2) Yutaka and Mai ________.

(3) A man ________.

Green Festival ～ Project 3

テストに出る! ココが要点&チェック!

助動詞 will

教 p.127～p.143

1 助動詞 will

→★(1)

「～でしょう，～するつもりです」と未来を表すときは〈will＋動詞の原形〉で表す。

It is cold today. きょうは寒いです。

⇩

will の文 It **will** be cold **tomorrow**. 明日は寒くなるでしょう。

動詞の前に will を置く ／ 動詞は原形 ／ 未来を表す語句

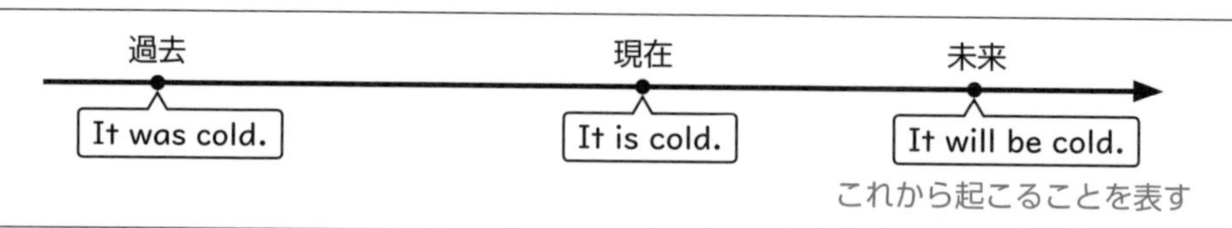

2 will の疑問文「～でしょうか，～するつもりでしょうか」

→★(2)

will の疑問文は will を主語の前に出す。答えるときも will を使う。

肯定文 It **will** be cold tomorrow. 明日は寒くなるでしょう。

疑問文 **Will** it be cold tomorrow? 明日は寒くなるでしょうか。

will を主語の前に出す

— Yes, it **will**. / No, it **will not**. — はい，寒くなるでしょう。／いいえ，寒くならないでしょう。

短縮形 won't でもよい

短縮形の表現

will not → won't

3 will の否定文「～ではないでしょう，～するつもりではありません」

→★(3)

will の否定文は will のあとに not を置く。

肯定文 It **will** be cold tomorrow. 明日は寒くなるでしょう。

⇩

否定文 It **will not** be cold tomorrow. 明日は寒くならないでしょう。

will の後ろに not を置く

4 Will you ～?「～してくれませんか」

→★(4)

Will you ～? には「あなたは～でしょうか」という意味のほかに，「～してくれませんか」と相手に依頼する意味もある。

Will you open the door? ドアをあけてくれませんか。

be going to ～，年代の表し方

教 p.130～p.143

5 be going to ～ の肯定文，疑問文，否定文

→チェック！(5)～(7)

「～するつもりです」，「～しようとしています」と未来を表すときは〈be 動詞＋going to＋動詞の原形 ～〉でも表せる。疑問文，否定文の作り方は be 動詞の文と同じ。

肯定文 I **am going to** clean the park tomorrow.　私は明日，公園をそうじするつもりです。
〈be 動詞＋going to＋動詞の原形〉

疑問文 **Are** you **going to** clean the park tomorrow?　あなたは明日，公園をそうじするつもりですか。
be 動詞を主語の前に出す

— Yes, **I am**. / No, **I am not**.　— はい，そうじするつもりです。／いいえ，そうじするつもりではありません。
短縮形 I'm not でもよい

否定文 I **am not going to** clean the park tomorrow.　私は明日，公園をそうじするつもりではありません。
be 動詞の後ろに not を置く

will と be going to ～の違い

will はその場で思いついたことや，漠然（ばくぜん）とした未来の予測を表すときに，be going to は以前から計画している予定を表すときに使う。
I will go to Taku's house tomorrow.　私は明日，拓の家に行くつもりです。（思いつきで）
I'm going to go to Tokyo tomorrow.　私は明日，東京に行く予定です。（以前から計画していて）

6 年代の表し方

→チェック！(8)

「1990 年代」などのように年代を表すときは，〈the＋数字＋s〉とする。

That soccer player was popular in **the 1990s**.　そのサッカー選手は 1990 年代に人気でした。
〈the＋数字＋s〉

チェック！　（　）内から適する語句を選びなさい。

1 □ (1) David will (play / plays) soccer tomorrow.　デイビッドは明日，サッカーをするでしょう。
2 □ (2) (Will / Do) it be hot today?　きょうは暑くなるでしょうか。
3 □ (3) Mika (won't / isn't) come to school tomorrow.　美香は明日，学校に来ないでしょう。
4 □ (4) (Will / Are) you help me?　私を手伝ってくれませんか。
5 □ (5) I (am / will) going to study math.　私は数学を勉強するつもりです。
□ (6) (Do / Are) you going to visit the U.S.A?　あなたはアメリカ合衆国を訪れるつもりですか。
□ (7) She isn't (go / going) to take an exam today.　彼女は今日，試験を受けようとしていません。
6 □ (8) He bought this house in (1980s / the 1980s).　彼は 1980 年代にこの家を買いました。

チェック！の答えは次ページ

テスト対策問題

リスニング

♪ a22

1 表にあう英文を，放送されるア～ウの中から一つ選び，記号で答えなさい。

10/3(日)	10/4(月)	10/5(火)	10/6(水)	10/7(木)	10/8(金)	10/9(土)
晴れ	晴れ	くもり	雨	雨	晴れ	晴れ

(　　　)

2 (1)～(6)は単語の意味を書きなさい。(7)～(10)は日本語を英語にしなさい。

(1) final (　　　)　(2) maybe (　　　)
(3) stay (　　　)　(4) decide (　　　)
(5) future (　　　)　(6) holiday (　　　)
(7) leave の過去形 ＿＿＿＿　(8) 赤ちゃん ＿＿＿＿
(9) feel の過去形 ＿＿＿＿　(10) 共有する ＿＿＿＿

2 重要単語

(7)(9)原形と過去形は，セットで覚えよう。

3 次の日本文にあうように，＿＿に適する語を書きなさい。

(1) 私は週末にたくさんの映画を見ます。たとえば，私はこの前の土曜日に3本の映画を見ました。
I watch many movies on weekends.
＿＿＿＿ ＿＿＿＿, I watched three movies last Saturday.

よく出る (2) いっしょに図書館に行きましょう。
＿＿＿＿ ＿＿＿＿ to the library together.

3 重要表現

おぼえよう!

(2)命令文
・「～しなさい。」〈動詞の原形 ～.〉
・「～してはいけません。」〈Don't＋動詞の原形 ～.〉
・「～しましょう。」〈Let's＋動詞の原形 ～.〉

4 次の文を(　)内の指示にしたがって書きかえるとき，＿＿に適する語を書きなさい。

(1) My sister is busy today. (下線部を next week にかえて)
My sister ＿＿＿＿ ＿＿＿＿ busy next week.

ミス注意! (2) It is hot now. (下線部を tomorrow にかえて)
＿＿＿＿ ＿＿＿＿ hot tomorrow.

4 will の肯定文

ポイント

未来を表す will の文
〈主語＋will＋動詞の原形 ～.〉

ミス注意!

is の原形は be。

5 次の文を疑問文に書きかえ，その答えの文を完成させるとき，＿＿に適する語を書きなさい。

Hayato will practice tennis.
＿＿＿＿ Hayato ＿＿＿＿ tennis?
— Yes, he ＿＿＿＿.

5 will の疑問文

will を主語の前に出す。

p.55 答　(1) play　(2) Will　(3) won't　(4) Will　(5) am　(6) Are　(7) going　(8) the 1980s

6 次の対話文を読んで，あとの問いに答えなさい。

Hana: Did you hear about the Green Festival? It's this weekend.
Dinu: Yeah. (①) you going to be there?
Hana: Yes. ②［am / to / listen / to / I / going］a speech on the final day. It's about a volunteer project.

(1) ①の( )内に適する語を書きなさい。 ＿＿＿＿

(2) 下線部②が意味の通る英文になるように，［ ］内の語を並べかえなさい。

＿＿＿＿＿＿＿＿ a speech on the final day.

7 次の日本文にあうように，＿＿に適する語を書きなさい。

(1) 千尋はその本を買わないでしょう。
Chihiro ＿＿＿＿ ＿＿＿＿ buy that book.

(2) あしたは雨ではないでしょう。
It ＿＿＿＿ ＿＿＿＿ rainy tomorrow.

8 次の対話が成り立つように，＿＿に適する語を書きなさい。

Mother: ＿＿＿＿ ＿＿＿＿ walk my dog?
William: Sure. I'll go now.

よく出る **9** ［ ］内の語句を並べかえて，日本文にあう英文を書きなさい。

(1) 私たちはその公園を訪れるつもりです。
［going / we / the park / visit / are / to］.

＿＿＿＿＿＿＿＿

(2) リサはその本を読むつもりはありません。
［isn't / the book / to / Risa / read / going］.

＿＿＿＿＿＿＿＿

10 次の日本文にあうように，( )内から適する語句を選びなさい。

わたしのおばは1970年代に病院で働いていました。
My aunt worked in a hospital in (1970 / the 1970s).

11 次の日本文を( )内の語数の英語になおしなさい。

(1) そのお祭りはこむでしょう。 (5語)

＿＿＿＿＿＿＿＿

(2) あなたはこのチームに加わるつもりですか。 (7語)

＿＿＿＿＿＿＿＿

6 本文の理解
(1) be going to ～の疑問文。
(2) be going to ～の肯定文。

7 will の否定文
(1) will のあとに not をつける。

ミス注意！
(2)空所の数より，短縮形 won't を使う。

8 「～してくれませんか」
Will you ～? の文にする。

9 be going to ～

ポイント
be going to ～の文
肯定文：〈主語＋be動詞＋going to＋動詞の原形 ～.〉
疑問文：〈be動詞＋主語＋going to＋動詞の原形 ～?〉
否定文：〈主語＋be動詞＋not going to＋動詞の原形 ～.〉

10 年代の表し方
s がつくことを覚えておく。

11 英作文
(1) will の文。
(2)語数指定より，be going to を使う。

解答 p.18

テストに出る!

予想問題

Lesson 8
Green Festival ～ Project 3

30分 /100点

1 対話と質問を聞いて，その答えとして適するものを一つ選び，記号で答えなさい。 a23

ア He will watch TV.
イ He will go to his friend's house. 〔5点〕
ウ He will buy a new TV.
エ He will walk his dog. (　　)

2 次の日本文にあうように，___に適する語を書きなさい。 3点×6〔18点〕

(1) あさっては母の誕生日です。
The ______ after ______ is my mother's birthday.

(2) その時計塔はこの市の象徴です。
The clock tower is the ______ ______ this city.

(3) 私はそばが好きではありません。さらにうどんも好きではありません。
I don't like *soba*. ______ ______, I don't like *udon*.

(4) もう一度おっしゃってください。聞こえませんでした。
______ ______? I could not hear you.

(5) 健はさいふを拾い上げました。
Ken ______ ______ a wallet.

(6) 彼女の両親は1990年代に中国に住んでいました。
Her parents lived in China in ______ ______.

よく出る **3** 次の文を(　)内の指示にしたがって書きかえなさい。 4点×3〔12点〕

(1) It is cloudy today. (下線部を tomorrow にかえて，5語の文に)

______

(2) Ms. Takeda is going to talk about Chinese food. (疑問文に)

______

ミス注意! (3) Ken will practice tennis next Sunday. (下線部をたずねる文に)

______

4 〔　〕内の語句を並べかえて，日本文にあう英文を書きなさい。 4点×3〔12点〕

(1) 有希はあした，学校に来るでしょうか。〔 come / will / to / Yuki / school 〕 tomorrow?

______ tomorrow?

(2) 私はロンドンへ行く予定はありません。〔 to / going / not / to / go / I'm / London 〕.

______

(3) 明かりを消してくれませんか。 〔 you / the light / can / off / turn 〕?

______

5 次は，富士山でのボランティア活動についてのパンフレットの一部です。英文を読んで，あとの問いに答えなさい。 〔19点〕

> My friends and I felt upset about this situation. We talked about the problem. We decided, "We will make a group. ① [the paths / we / on / clean / will / Mt. Fuji]."
>
> Now we are busy (②) many activities. We pick up people's litter. We talk to hikers. We give speeches at schools and events. On our website, we share information (③) similar groups around the world. Mt. Fuji is ④(get) clean. ⑤( ) you join us? Let's save Mt. Fuji for future generations.

やや難 (1) 下線部①が意味の通る英文になるように，[ ]内の語句を並べかえなさい。 〈6点〉

(2) ②と③の( )に共通してあてはまる 1 語を書きなさい。 〈5点〉

ミス注意! (3) ④の( )内の語を適する形になおしなさい。 〈4点〉

(4) 下線部⑤が「私たちに加わりませんか。」という意味になるように，( )内に入れるのに適切な語を下のア～ウから一つ選び，記号で答えなさい。 〈4点〉

ア Do　イ Did　ウ Will　( )

6 次の日本文を( )内の語数の英語になおしなさい。 5点×2〔10点〕

(1) 私の父は新しいコンピューターを買う予定です。 (9 語)

(2) あしたの朝は暖かくないでしょう。 (7 語)

やや難 **7** 次の予定表を見て，それぞれの人物が今度の週末にするつもりのことを 2 つずつ英語で書きなさい。 6点×4〔24点〕

・Alex

次の土曜日の予定
・自分の家のそうじ ・サッカーの練習

・Mari

次の日曜日の予定
・祖母の家に行く ・明菜(Akina)とお昼ご飯

(1) Alex ________ next Saturday.

(2) Alex ________ next Saturday.

(3) Mari ________ next Sunday.

(4) Mari ________ next Sunday.

Reading for Fun

Alice and Humpty Dumpty

テストに出る！ ココが要点&チェック！

学んだ文法の復習

教 p.144～p.147

1 一般動詞の過去形

チェック！(1)～(3)

過去について「～しました」と言うときは動詞を過去形にする。疑問文は〈Did＋主語＋動詞の原形 ～?〉，否定文は〈主語＋did not[didn't]＋動詞の原形 ～.〉の形にする。

現在形　Kate listens to rock music.　ケイトはロック音楽を聞きます。

⇩

過去形　Kate **listened** to rock music yesterday.　ケイトはきのう，ロック音楽を聞きました。

疑問文　**Did** Kate listen to rock music yesterday?　ケイトはきのう，ロック音楽を聞きましたか。
— Yes, she **did**. / No, she **did not[didn't]**.
— はい，聞きました。／いいえ，聞きませんでした。

否定文　Kate **did not** listen to rock music yesterday.　ケイトはきのう，ロック音楽を聞きませんでした。

2 過去進行形

チェック！(4)

過去のある時点で進行中だった動作について「～していました」と言うときは過去進行形〈was[were]＋動詞の -ing 形 ～.〉で表す。疑問文や否定文の作り方は be 動詞の文と同じ。

現在進行形　I am eating lunch now.　私は今，昼食を食べています。

⇩

過去進行形　I **was eating** lunch then.　私はその時，昼食を食べていました。

3 命令文

チェック！(5)

「～しなさい」と相手に指示するときは，動詞で文を始める。「～してはいけません」と禁止するときは，〈Don't＋動詞 ～.〉で表す。

命令文　**Sit** here.　ここにすわりなさい。

否定の命令文　**Don't** sit here.　ここにすわってはいけません。

☆チェック！　(　)内から適する語を選びなさい。

1
- □ (1) I (watch / watched) a DVD yesterday.　私はきのう，DVD を見ました。
- □ (2) Did you (study / studied) math last Monday?　あなたはこの前の月曜日に数学を勉強しましたか。
- □ (3) He didn't (use / used) his computer yesterday.　彼はきのう，コンピューターを使いませんでした。

2
- □ (4) They were (play / playing) soccer then.　彼らはその時サッカーをしていました。

3
- □ (5) Don't (speak / speaks) Japanese here.　ここで日本語を話してはいけません。

☆チェック！の答えは次ページ

テスト対策問題

テスト対策ナビ

リスニング ♪a24

1 英文を聞いて，内容にあう絵を選び，記号で答えなさい。

( )

2 (1)～(4)は単語の意味を書きなさい。(5)～(8)は日本語を英語にしなさい。

(1) careful ( ) (2) ground ( )
(3) hole ( ) (4) mean ( )
(5) run の過去形 ______ (6) sit の過去形 ______
(7) fall の過去形 ______ (8) think の過去形 ______

よく出る **3** 次の日本文にあうように，___に適する語を書きなさい。

(1) あなたはどのくらいの間，海で泳ぐつもりですか。
______ ______ are you going to swim in the sea?

(2) 恵梨香はそのドレスが少しも好きではありません。
Erika doesn't like the dress ______ ______.

4 次の文を( )内の指示にしたがって書きかえるとき，___に適する語を書きなさい。

(1) Toru will go to the library today.(下線部を yesterday にかえて)
Toru ______ to the library yesterday.

ミス注意! (2) I watched a movie last week. (否定文に)
I ______ ______ a movie last week.

5 [ ]内の語を並べかえて，日本文にあう英文を書きなさい。

私の父はその時，新聞を読んでいました。
[newspaper / my / reading / was / father / a] then.
______ then.

よく出る **6** 次の日本文にあうように，___に適する語を書きなさい。

(1) あの家を見なさい。
______ ______ that house.

(2) ここへ来てはいけません。______ ______ here.

2 重要単語
(5)～(8)どれも不規則動詞。

3 重要表現

ポイント
(2) not ～ at all で「少しも～ない」という意味になる。

4 過去形(一般動詞)

ミス注意!
(2)一般動詞の過去の否定文で did を使ったら，動詞は原形に戻すことに注意。

5 過去進行形
〈was[were]＋動詞の -ing 形〉の形にする。

6 命令文

ポイント
(2)「～してはいけません」は〈Don't＋動詞の原形～.〉で表す。

p.60 答 (1) watched (2) study (3) use (4) playing (5) speak

テストに出る！予想問題　Reading for Fun Alice and Humpty Dumpty

30分　/100点

1 対話と質問を聞いて，その答えとして適するものを一つ選び，記号で答えなさい。 ♪a25

ア He was taking pictures.　イ He was not at home.　〔3点〕

ウ He was calling Kate.　エ He was taking a bath.　(　　)

2 次の日本文にあうように，___に適する語を書きなさい。　3点×5〔15点〕

(1) それはどういう意味ですか。

_______ does it _______?

(2) 1匹のネコが川に落ちました。

A cat _______ _______ the river.

(3) ジェーンは彼女の家へ走りこみました。

Jane _______ _______ her house.

(4) 突然彼はその日のことを思い出しました。

_______ he remembered about that day.

(5) 彼らはこの町を歩き回りました。

They _______ _______ this town.

よく出る **3** 次の文の___に(　)内の語を適する1語の形にかえて書きなさい。　3点×4〔12点〕

(1) My sister _______ to the music club last year. (belong)

(2) I _______ a picture of a flower in the park last Sunday. (draw)

ミス注意！ (3) Tom and Emma _______ making pudding two hours ago. (be)

(4) I was _______ on the bench then. (sit)

4 次の文を(　)内の指示にしたがって書きかえるとき，___に適する語を書きなさい。　3点×5〔15点〕

(1) Satomi talks with Mr. Honda. (文末に yesterday を加えて)

Satomi _______ with Mr. Honda yesterday.

(2) They cooked curry last Sunday. (疑問文に)

_______ they _______ curry last Sunday?

(3) I was drinking coffee then. (否定文に)

I _______ _______ coffee then.

(4) You eat breakfast every day. (「～しなさい」という命令文に)

_______ _______ every day.

(5) Lily bought some lemons at a store. (否定文に)

Lily _______ _______ any lemons at a store.

5 次の英文を読んで，あとの問いに答えなさい。 〔22点〕

"Anyway, I like your belt. ①It's very nice."

"My belt? My belt! It is not a belt. It is a tie. It's (②) my neck."

"Well, it's a very nice tie, too."

Alice looked (③). "The wall is very high. Please (④) careful," she said. "Do you know this song?" she asked.

Humpty Dumpty sat on a wall.

Humpty Dumpty ⑤(*have*) *a great fall.*

"Stop!" cried Humpty Dumpty. "Don't sing that terrible song. ⑥[like / all / it / I / at / don't]."

ミス注意! (1) 下線部①が指すものを，話の流れをふまえて本文中の1語で書きなさい。 〈4点〉

やや難 (2) ②と③の( )に共通してあてはまる1語を書きなさい。 〈5点〉

(3) ④の( )に適する語を書きなさい。 〈4点〉

(4) ⑤の( )内の語を適する形になおしなさい。 〈4点〉

(5) 下線部⑥が意味の通る英文になるように，[ ]内の語を並べかえなさい。 〈5点〉

6 [ ]内の語句を並べかえて，日本文にあう英文を書きなさい。 5点×3〔15点〕

(1) 彼は父親を手伝っていませんでした。 [his / he / was / father / helping / not].

ミス注意! (2) 私のコンサートを見に来てください。[my / please / and / come / concert / see].

(3) あなたは卓也(Takuya)に手紙を書きましたか。[a letter / Takuya / you / write / did / to]?

やや難 7 次の日本文を英語になおしなさい。 6点×3〔18点〕

(1) 私の兄はきのう，早く起きませんでした。

(2) その少年はその時テレビを見ていました。

(3) 夜にピアノを演奏してはいけません。

動詞の形の変化をおさえましょう。

※赤字は特に注意しましょう。[ ]は発音記号です。

原形	3人称単数現在形	過去形	ing形	意味
ask	asks	asked	asking	たずねる，問う
bring	brings	brought	bringing	持ってくる，連れてくる
buy	buys	bought	buying	買う
come	comes	came	coming	来る
cook	cooks	cooked	cooking	料理する
do	does	did	doing	する，行う
draw	draws	drew	drawing	(線を)引く，(絵などを)かく
drink	drinks	drank	drinking	飲む
eat	eats	ate	eating	食べる，食事をする
enjoy	enjoys	enjoyed	enjoying	楽しむ
feel	feels	felt	feeling	(体や心に)感じる
get	gets	got	getting	得る，受け取る，～になる
give	gives	gave	giving	与える，渡す，もたらす
go	goes	went	going	行く
have	has	had	having	持っている，食べる
know	knows	knew	knowing	知っている，わかる
live	lives	lived	living	住む，住んでいる
look	looks	looked	looking	見る，目を向ける
make	makes	made	making	作る，得る
meet	meets	met	meeting	会う，出会う
play	plays	played	playing	(競技などを)する，演奏する
put	puts	put	putting	置く，つける
read	reads	read [réd]	reading	読む，読書する
run	runs	ran	running	走る，走って行く
say	says	said [séd]	saying	言う，話す，述べる
see	sees	saw	seeing	見える，見る，わかる
stay	stays	stayed	staying	滞在する，泊まる
study	studies	studied	studying	勉強する，研究する
take	takes	took	taking	取る，持っていく
talk	talks	talked	talking	話す，しゃべる，話をする
think	thinks	thought	thinking	考える，思う
try	tries	tried	trying	試す，試みる
write	writes	wrote	writing	書く

取りはずして使えます!

中間・期末の攻略本
解答と解説
三省堂版 ニュークラウン 英語1年

Starter

p.3 テスト対策問題

1 (1)ウ (2)イ (3)ウ

2 (1) C (2) L (3) i (4) y

3 (1) second (2) November (3) ninth

4 (1) Saturday (2) Monday (3) Wednesday

解説

1 アルファベットの発音には似たものが多いので，注意して聞き取ることがポイント。
(1) t (2) m (3) Z

2 大文字，小文字のアルファベットの順番はすべてしっかり覚えておく。

3 (1)「2日」は second で表す。
(2) ミス注意!「11月」は November で表す。月名は必ず大文字ではじめる。
(3)「9日」は ninth で表す。nine の e がなくなることに注意。

4 (1) Saturday「土曜日」は Sunday「日曜日」と似ているので，区別して覚える。
(3) ミス注意! Wednesday「水曜日」は特につづりに注意する。

ポイント
単語・語句は種類ごとにしっかり覚えよう！
月名と曜日は大文字ではじめる。

p.4～p.5 予想問題

1 (1)イ (2)エ

2 ウ

3 (1) a (2) e (3) g (4) d (5) H (6) J (7) N (8) R

4 (1) BCDEF (2) KLMNO (3) VWXYZ (4) qrstu (5) hijkl

5 (1)ア (2)ク (3)オ (4)イ (5)カ (6)ウ

6 (1) nurse (2) yacht (3) social studies

7 (1) brush my teeth (2) take a bath

解説

1 まず，絵の建物が何を表しているかを事前に確認すると解きやすい。ア「郵便局」は post office，ウ「中学校」は junior high school。
(1) zoo (2) temple
訳 (1)動物園 (2)寺院

2 ア「顔を洗う」は wash my face，イ「起きる」は get up，エ「教室をそうじする」は clean the classroom で表す。
watch TV
訳 テレビを見る

3 (3) G の小文字，g は 4 線の下の 2 マスに書く。
(6) j の大文字, J の上に点は書かないことに注意。

4 (2) ミス注意! KLMNO の順になる。

5 (3)「12月」を表す絵→ December。

6 (1) math「数学」, science「理科」, P.E.「体育」はどれも教科名。仲間外れの語は nurse「看護師」。
(2) horse「馬」, tiger「トラ」, cow「牛」はどれも動物名。仲間外れの語は yacht「ヨット」。
(3) ミス注意! gym「体育館」, convenience store「コンビニエンスストア」, shrine「神社」はどれも建物・施設名。仲間外れの語句は social studies「社会科」。

7 (1)将太が午前7時にすることは「歯みがき」。「歯をみがく」は brush my teeth。
(2)将太が午後8時にすることは「入浴」。「入浴する」は take a bath。

Lesson 1

p.8～p.9 テスト対策問題

1 ウ

2 (1)住む，住んでいる
(2)しばしば，たびたび　(3)今，今は，現在は
(4)歌　(5)**know**　(6)**sometimes**

3 (1)**every day**　(2)**very much**

4 (1)**am interested**　(2)**get up**

5 **Do you**

6 (1)**I am not a very good dancer.**
(2)**go**　(3)**a show**

7 (1)**You are not from Australia.**
(2)**I do not need a computer.**

8 **What subject, I like**

9 (1)**I do not[don't] know Mr. Kimura.**
(2)**Are you in the art club?**

解説

1 することの内容と，don't を聞き取ることがポイント。「～(楽器)を演奏する」というときは〈**play the ～(楽器名)**〉と楽器名の前に the をつけることも覚えておこう。

♪ I like music. I play the piano. I don't like sports. I am not good at baseball.

訳 ぼくは音楽が好きです。ぼくはピアノを演奏します。ぼくはスポーツが好きではありません。ぼくは野球が得意ではありません。

2 (6) sometimes は最後の s を忘れないように。

3 (1)「毎日」は every day で表す。every は「毎～，～ごとに」という意味。
(2)「とても好きです」は like ～ very much。

4 (1)主語が I なので be 動詞は am。「～に興味がある」は be interested in ～で表す。
(2)「起きる」は get up,「～時に」は〈**at＋数字**〉で表す。

5 ミス注意!「あなたは～しますか」は **Do you ～?** で表す。文頭を大文字にすることに注意。また, be 動詞の疑問文である **Are you ～?** との違いにも気をつける。「あなたはギターを練習します。」→「あなたはギターを練習しますか。」

6 (1) not と be 動詞 am があることから, be 動詞の否定文にする。not は be 動詞の後ろに置く。
(2)「～に行く」は go to ～で表す。
(3) it は前にある単数の名詞を指すことが多い。ここでは直前の文の a show を指すと考えると「ショーを見に来てください。」となり意味が通る。

7 (1)「あなたは～ではありません」は **You are not ～.** で表す。「～出身です」を〈**be 動詞＋from ～**〉で表すことも覚えておこう。
(2)「私は～しません」は **I do not ～.** で表す。

8 「あなたはどんな[何の]～を…ですか。」は what を使って〈**What＋名詞＋do you＋一般動詞 …?**〉で表す。ここではトム(Tom)が「あなたは～が好きですか。」とたずねていることと, 舞(Mai)が「社会科～。」と答えていることから,「あなたは何の教科が好きですか。」「私は社会科が好きです。」

9 (1)「私は～しません」は **I do not[don't]～.** で表す。男性に対して「～先生」と言うときは名前の前に Mr. をつけることも覚えておく。
(2)「あなたは～ですか」は **Are you ～?** で表す。「～部に入って」は **in the ～ club** で表す。

ポイント
be 動詞の文か一般動詞の文かをしっかり見きわめよう！

p.10～p.11 予想問題

1 イ

2 ウ

3 (1)**not from**　(2)**at home**
(3)**take pictures**

4 (1)**Are you, am not**
(2)**What subject, I like**

5 (1)**Are you interested in Japanese**

comics?

(2) ②ア ③ウ (3)**often sing**

6 (1)**You are[You're] in the tennis club.**

(2)**You do not[don't] watch quiz shows.**

7 (1)**I do not[don't] clean the kitchen.**

(2)**You are not[You aren't / You're not] Ms. Smith.**

(3)**What food do you like?**

解説

1 don't と have のあとに続くことばに注意。

ア I have a bed. I don't have a guitar.

イ I have a computer. I don't have a piano.

ウ I have a ball. I don't have a computer.

訳 ア ぼくはベッドを持っています。ぼくはギターを持っていません。

イ ぼくはコンピューターを持っています。ぼくはピアノを持っていません。

ウ ぼくはボールを持っています。ぼくはコンピューターを持っていません。

2 Are you ～? でたずねられたら I と be 動詞を使って答える。**ア**「私はバスケットボールをします。」, **イ**「いいえ，しません。」, **ウ**「はい，そうです。」

A：I like basketball very much.

B：Are you in the basketball club?

訳 A：私はバスケットボールが大好きです。

B：あなたはバスケットボール部に入っていますか。

3 (1)「私は～出身ではありません。」は **I am not from ～.** で表す。

(3)「写真を撮る」は take a picture で表す。ここでは空所が2つなので, take pictures とする。

4 (1)空所2つの後ろに a swimmer? があるので，Are you ～? の疑問文だとわかる。Are you ～? の疑問文に No で答えるときは No, I am[I'm] not. とする。ここでは空所の前に I があるので，短縮形は使わない。「あなたは水泳選手ですか。」「いいえ，そうではありません。」

(2) ミス注意! 空所2つの後ろに do you like? と一般動詞の疑問文の語順が続いているので，**〈what＋名詞〉**を使った疑問文だとわかる。答えの文に math があるので，「好きな教科」を聞いたとわかる。「あなたは何の教科が好きですか。」「私は数学が好きです。」

5 (1) be 動詞 are と文末のクエスチョンマークから，be 動詞の疑問文に，interested があることから，be interested in ～も入れる。

(2)② Are you ～? の疑問文に Yes で答えるときは Yes, I am. とする。 ③ Do you ～? の疑問文に Yes で答えるときは Yes, I do. とする。

(3)「しばしば」は often,「歌う」は sing。

6 (1) I am ～.「私は～です。」の文を You are ～.「あなたは～です。」の文にする。**in the ～ club** は「～部に入って」という意味。「私はテニス部に入っています。」→「あなたはテニス部に入っています。」

(2)「あなたは～します。」**〈You＋一般動詞 ～.〉**の文を否定文にする。動詞の前に do not [don't] を置いて表す。「あなたはクイズ番組を見ます。」→「あなたはクイズ番組を見ません。」

7 (1)「私は～しません。」は **I do not[don't] ～.** で表す。「台所をそうじする」は clean the kitchen で表す。

(2)「あなたは～ではありません。」は **You are not[You aren't / You're not] ～.** で表す。

(3) ミス注意!「何の～」は**〈what＋名詞〉**で表し，文頭に置く。what food「何の食べ物」とし，そのあとに一般動詞の疑問文の語順**〈do you＋一般動詞 ?〉**を続ける。

Lesson 2

p.14～p.15 テスト対策問題

1 イ

2 (1)おもな，主要な (2)切る

(3)送る，(手紙などを)出す

(4)素早く，速く (5)ここに，ここで，ここへ

(6)(距離が)遠くに，遠く (7)**some** (8)**his**

(9)**catch** (10)**write**

3 (1)**Bob and I** (2)**Can you** (3)**Sure**

4 (1)**can ride** (2)**cannot[can't] speak**

5 (1)**are** (2)**I cannot use a knife well.**

(3)**Rei**

6 (1)**How many cookies**

(2)**How many tickets**

7 (1)**He can read Chinese.**

(2)**Can you dance?**

(3)**I cannot[can't] play tennis well.**

解説

1 can と cannot を正しく聞き取る。

A：Can you run fast, Takeshi?
B：No, I cannot. Can you run fast, Mary?
A：Yes, I can.

訳 A：あなたは速く走ることができますか，武志。
B：いいえ，できません。あなたは速く走ることができますか，メアリー。
A：はい，できます。

3 (1) ミス注意！「～と私」と言うときは，～ and I とＩ「私」を後ろに置く。

(2)「～してもらえませんか。」は **Can you ～?** で表す。

4 (1)「～(することが)できます」は動詞の前に can を置いて表す。

(2)「～(することが)できません」は動詞の前に cannot[can't]を置いて表す。

5 (1)主語が Rei and I「礼と私」と複数なので，be 動詞は are にする。

(2) cannot があるので can の否定文だとわかる。**〈主語＋cannot＋動詞 ～.〉**の語順にする。

(3) his は「彼の」という意味で，前に出た男性を指す。ここでは先生である Rei を指すと考えると意味が通る。

6 (1)(2)とも数を答えているので，数をたずねられたと考える。「どのくらい～ですか。」は**〈How many＋名詞の複数形 ～?〉**で表す。

(1)「あなたは何枚のクッキーを持っていますか。」「私は５枚のクッキーを持っています。」

(2)「あなたは何枚のチケットを必要としていますか。」「私は２枚のチケットを必要としています。」

7 (1) can の肯定文で表す。「中国語を読む」は read Chinese。Chinese は大文字ではじめる。

(2)「～できますか。」は**〈Can＋主語＋動詞の原形 ～?〉**で表す。「踊る」は dance。

(3)「～することができません」は cannot[can't]を動詞の前に置く。「上手に」は well。

ポイント

can，cannot[can't]の後ろの動詞は必ず原形(辞書にのっている形)にする！

p.16～p.17 予想問題

1 (1)ウ (2)ア

2 (1)**some eggs** (2)**teacher of**

(3)**It's so[very]**

3 (1)**I can ride a horse.**

(2)**John cannot skate well.**

(3)**Can she eat bananas?**

(4)**Yes, she can.**

4 (1)**your** (2)**Sure** (3)**You can see my video**

5 (1)**Can Mr. Tanaka speak Spanish? — No, he cannot[can't].**

(2)**I cannot[can't] catch the ball well.**

6 (1)**I can play the guitar.**

(2)**How many boxes do you have?**

解説

1 (1)動物を表すことばと数に注意して聞き取る。**ア**「私は２匹のイヌを飼っています。」，**イ**「私は２匹の動物を飼っています。」，**ウ**「私は２羽のウサギを飼っています。」

You have rabbits. How many rabbits do you have?

訳 あなたはウサギを飼っています。あなたは何羽のウサギを飼っていますか。

(2) Can you ～? とたずねられたらＩと can を使って答える。**ア**「はい，できます。」，**イ**「はい，そうです。」，**ウ**「いいえ，しません。」

A：I am in the music club.
B：Can you play the piano?

訳 A：私は音楽部に入っています。
B：あなたはピアノを演奏することができますか。

2 (1) ミス注意！「いくつかの」は some で表し，some のあとに数えられる名詞がくるときは複数形にする。

3 (1) can の肯定文にする。

(2) cannot を使った否定文にする。

(4) can の疑問文に答えるときは**〈Yes,＋主語＋can.〉**または**〈No,＋主語＋cannot[can't].〉**。

4 (1)直後に名詞が続いているので，「あなたの」

という意味になるようにyourにかえる。
(3) canがあるので，**〈主語+can+動詞 ～.〉**の形にする。主語をyou，動詞をseeとする。

5 (1) ミス注意！ 答えるときはMr. Tanakaをheに置きかえてNo, he cannot[can't].とする。「田中先生はスペイン語を話すことができます。」→「田中先生はスペイン語を話すことができますか。」「いいえ，できません。」
(2)**〈主語+cannot[can't]+動詞 ～.〉**の文にする。「私はボールを上手に捕ることができます。」→「私はボールを上手に捕ることができません。」

6 (1)「私はギターを演奏することができます。」という文にする。「ギターを演奏する」はplay the guitar。
(2)「あなたはいくつの箱を持っていますか。」という文にする。「どのくらい～ですか。」と数をたずねるときは**〈How many+名詞の複数形 ～?〉**で表す。

Lesson 3

p.20 ～ p.21 テスト対策問題

1 ア
2 (1)学ぶ，習う，覚える (2)手紙
(3)週末 (4)彼(女)らの，それらの
(5)same (6)people
3 (1)see (2)Guess (3)be friends
4 (1)Is this (2)is not
5 What, It
6 (1)Japanese is not easy.
(2)Japanese (3)Hana
7 (1)him (2)her
8 Who is
9 (1)Read this English book.
(2)Don't take a picture.
10 (1)That is not[That's not / That isn't] my ball.
(2)Do you need him?

解説

1 this「これ」とthat「あれ」を正しく聞き取る。
♪ This is my dog, Hanako. I like her. That is a rabbit. That is not my rabbit.
訳 これは私のイヌのハナコです。私は彼女が好きです。あれはウサギです。あれは私のウサギではありません。

2 (6)「人々」peopleは複数として扱う。

3 (2)「ちょっと聞いて！」は命令文を使ってGuess what!で表す。guessは「推測する」という意味。
(3) ミス注意！「～と友達である」はbe friends with ～で表す。助動詞canのあとに続けるのでbe動詞の原形beを使う。friendsと複数形にすることに注意。

4 (1) be動詞の疑問文はbe動詞を主語の前に出す。「これは病院です。」→「これは病院ですか。」
(2) be動詞の否定文はbe動詞のあとにnotを置く。「彼女は山田先生です。」→「彼女は山田先生ではありません。」

5 ミス注意！「～はタカです。」と具体的なものを答えているので，「これは何ですか。」とたずねたと考える。「～は何ですか。」は**〈What is [What's] ～?〉**で表す。答えるときはthis「これ」をit「それ」にかえる。

6 (1) isとnotがあるので，be動詞の否定文にする。主語をJapanese「日本語」としてJapanese is not easy.とする。
(2) itは前に出た単数の名詞を指すことが多い。
(3) ミス注意！ sheは「彼女は」という意味で，前に出た女性を指す。ここでは直前の文にあるHanaを指すと考えると意味が通る。

7 「彼を[に]」はhim，「彼女を[に]」はher。

8 「彼は卓也です。」と具体的な人を答えているので，「この男の子はだれですか。」とたずねたと考える。

9 (1)「～しなさい」は命令文で表す。命令文は**動詞で文を始める**。主語を置かないことに注意。
(2)「～してはいけません。」は**〈Don't+動詞～.〉**で表す。「写真を撮る」はtake a picture。

10 (1)「あれは～ではありません。」は**That is not[That's not / That isn't] ～.**で表す。「私のボール」はmy ball。
(2)「あなたは～しますか。」は**Do you ～?**で表す。動詞need「必要とする」に続けて「彼を」と言うときはhimにする。

ポイント
対話文の疑問文の適語補充問題では，答える文で「何を答えているか」に注目する！

p.22～p.23 予想問題 ❶

1 ウ

2 (1)**hello, in** (2)**at[in], police station**
(3)**on this side** (4)**Me, too**

3 (1)**Is this, it** (2)**Don't play**
(3)**Who is**

4 (1)**their** (2)***ema*** (3)**No, isn't**

5 (1)**This is not my guitar.**
(2)**Do the boys like him?**
(3)**Let's go to the park.**

6 (1)**Don't jump on the[a] bed.**
(2)**What is[What's] this box?**

解説

1 2文目のDon'tを正しく聞き取る。

This is Hikari Library. Don't eat in this library.

訳 こちらはひかり図書館です。この図書館内で食べてはいけません。

2 (1)「～語で」はin～という。

3 (1) ミス注意! be動詞の疑問文はbe動詞を主語の前に出す。答えるときはthisをitに置きかえる。「これはニンジンです。」→「これはニンジンですか。」「はい，そうです。」
(2)「～してはいけません。」は，**〈Don't＋動詞～.〉**の形で表す。「あなたはここで野球をします。」→「ここで野球をしてはいけません。」
(3)「太郎」という人についてたずねるので，「彼はだれですか。」**Who is ～?** の文にする。「彼は太郎です。」→「彼はだれですか。」

4 (1)2つある①の直後にはどちらも名詞が続いているので，「彼らの」という意味のtheirにする。
(2)itより前から単数の名詞をさがす。直前のケイトの発言に*ema*があるのでこれを指すと考える。
(3)それが土産物かどうかというディヌーの質問に対しての答えである。下線部③の直後に絵馬を置いていくとあるので土産物ではないとわかる。よってNo, it isn't.とする。

5 (1)「これは～ではありません。」は**This is not ～.** で表す。「私のギター」はmy guitar。thatが不要。
(2) ミス注意!「その男の子たちは～しますか。」は**Do the boys ～?** で表す。「彼のことが好き」は「彼を好き」と考えて，likeの後ろにはhim「彼を」を置く。heが不要。
(3)「～しましょう。」は**Let's ～.** で表す。「公園に行く」はgo to the park。don'tが不要。

6 (1)否定の命令文。「とびはねる」はjumpなので，その前にDon'tを置く。「ベッドの上で」はon the[a] bed。
(2)「～は何ですか。」は**What is[What's] ～?** で表す。「この箱」はthis box。

p.24～p.25 予想問題 ❷

1 (1)ウ (2)イ

2 (1)**Really** (2)**for free** (3)**two women**

3 (1)**That is a hospital.**
(2)**He is not my favorite pianist.**
(3)**What is this animal?**
(4)**My brother can cook like**

4 (1)**A picture is in this letter.**
(2)**her** (3)**too** (4)**basketball**

5 (1)**Don't speak Japanese here.**
(2)**Read this newspaper.**
(3)**Who is[Who's] your science teacher?**

解説

1 (1)Is it ～? に答えるときはitを使う。**ア**「いいえ，(私は)そうではありません。」，**イ**「いいえ，しません。」，**ウ**「いいえ，(それは)そうではありません。」

This is a nice bag. Is it your bag?

訳 これはすてきなかばんです。それはあなたのかばんですか。

(2)文頭の疑問詞に注意して聞き取ることがポイント。Whoを使って「～はだれですか」と聞かれている。**ア**「はい，そうです。」，**イ**「彼女は私の母です。」，**ウ**「私は，私の母が好きです。」

A：What is this?
B：It is my favorite picture.
A：Who is this woman in the picture?

訳 A：これは何ですか。
B：それは私のお気に入りの写真です。
A：写真の中のこの女性はだれですか。

2 (3) ミス注意!「2人の」はtwo。womanは不規則に変化する名詞で，複数形はwomen。

3 (1)That is ～. の文にする。
(2)He is not ～. の文にする。「私の大好きなピアニスト」はmy favorite pianistの語順にする。

(3) What is ～? の文にする。
(4) can の肯定文にする。「(私の)母のように」は前置詞 like「～のような」を使って like my mother とする。

4 (1)「1枚の写真」は a picture。「～の中にあります」は**〈be動詞＋in ～〉**で表す。
(2)前置詞のあとに代名詞がくるときは「～を[に]」の形にする。
(3)「～も」は also や too で表すが，コンマの後ろに続けるときは too を使う。
(4) play の後ろに続いていることに注目する。直前の文に play basketball とあるので，basketball が適切。

5 (1) **ミス注意!**「ここで日本語を話してはいけません。」という文にする。「～してはいけません。」は**〈Don't＋動詞 ～.〉**。「日本語」は Japanese で，必ず大文字で書きはじめることに注意。
(2)命令文で表す。「新聞」は newspaper。
(3) Who is[Who's] ～? を使って「あなたの理科の先生はだれですか。」という文にする。「理科の先生」は science teacher。

Lesson 4

p.28～p.29 テスト対策問題

1 イ

2 (1)**聞こえる，聞く** (2)**話す，しゃべる，話をする**
(3)**早く，早めに** (4)**もう1つの，別の**
(5)**場所，所，地域** (6)**～じゅうずっと**
(7)**family** (8)**student** (9)**wear**
(10)**evening**

3 (1)**has，famous** (2)**What time**
(3)**How about**

4 (1)**likes** (2)**goes** (3)**studies**

5 (1)**Does，does** (2)**Does，does not**

6 (1)**my parents** (2)**from** (3)**drives**
(4)**my father** (5)**in London**

7 (1)**does not** (2)**doesn't sing**

8 **Which，or，want，cat**

9 (1)**These are** (2)**Those are**

10 (1)**Aya practices calligraphy every day.**
(2)**These are Japanese comics.**

解説

1 男の子がすることに注意して聞き取る。

ア The boy likes sports very much. He belongs to the tennis club.
イ The boy likes music very much. He is in the guitar club.
ウ The boy sings very well. He often goes to *karaoke*.

訳 ア その男の子はスポーツが大好きです。彼はテニス部に所属しています。
イ その男の子は音楽が大好きです。彼はギター部に入っています。
ウ その男の子はとても上手に歌います。彼はしばしばカラオケに行きます。

2 関連する単語をいっしょに覚えるとよい。

3 (1)「～には…があります。」は**〈主語＋have[has] ....〉**で表す。

4 主語が3人称単数なので，動詞を3人称単数現在形(3単現ともいう)にする。
(2) go は es をつけて goes とする。
(3)**〈子音字＋y〉**で終わる語は y を i にかえて es をつける。

5 (1) 3単現の疑問文は**〈Does＋主語＋動詞の原形 ～?〉**で表す。答えの文でも does を使う。
(2) 3単現の疑問文に No で答えるときは，**〈No, 主語＋does not[doesn't].〉**とする。

6 (1) they は前に出た複数の名詞を指す。直前の文に my parents とあるので，これを指すと考える。
(2)「～出身の」は**〈from＋場所〉**で表す。
(3)主語 My father が3人称単数なので，drives。
(4) he は前に出た男性を指す。直前の文の my father を指すと考えるのが適切。
(5) there は前に出た場所を指す。2文前の in London を指すと考えるのが適切。

7 3単現の否定文は**〈主語＋does not[doesn't]＋動詞の原形 ～.〉**で表す。
(2)空所の数から，短縮形の doesn't を使う。

8 「AとBのどちらが～ですか。」は **Which ～, A or B?** で表す。「あなたはイヌとネコのどちらがほしいですか。」「私はネコがほしいです。」

9 **ミス注意!** this の複数形は these，that の複数形は those。
(1)「これは彼女のかばんです。」→「これらは彼女のかばんです。」

(2)「あれはすてきなレストランです。」→「あれらはすてきなレストランです。」

10 (1)主語が Aya と3人称単数なので，動詞 practice はそのまま s をつけて practices に。
(2) These are ～. の文にする。

ポイント
3人称単数現在形の作り方を，動詞ごとにしっかり覚えよう！

p.30～p.31 予想問題 ❶

1 サッカー
2 (1)**at, o'clock** (2)**some, Others** (3)**as[like]** (4)**every hour** (5)**at school**
3 (1)**gets** (2)**has** (3)**read** (4)**want**
4 (1)**My sister belongs to the English club.**
(2)**Daigo does not know her brother.**
5 (1)**plays**
(2)**Our music club does not have them.**
(3)**are** (4)**ブラウン先生の兄[弟]**
6 (1)**walks**
(2)**Does Mr. Green clean, he does**
(3)**doesn't swim** (4)**time does**
7 (1)**Beth lives in Australia.**
(2)**My father does not[doesn't] ski well.**
(3)**What music does Kento like?**
(4)**He likes rock music.**

解説

1 まず，問題にあるプロフィールに目を通しておき，放送される英語を予想するのがポイント。
Mr. Yamada is our math teacher. He is from Kanagawa. He teaches soccer to the students in the soccer club. We like him very much.
訳 山田先生は私たちの数学の先生です。彼は神奈川出身です。彼はサッカー部の生徒たちにサッカーを教えます。私たちは彼が大好きです。

2 (1)「～時に」を表す前置詞は at。「～時ちょうど」は～ o'clock で表す。
(2)「…もいれば[あれば]，～もいる[ある]。」は Some .... Others ～. で表す。

3 (1)(2)主語が3人称単数なので，動詞を3人称単数現在形にする。 (1)「吉田先生は早く起きます。」 (2)「私の兄[弟]はネコを飼っています。」
(3) ミス注意！ 3単現の否定文では doesn't のあとの動詞は原形にする。「香奈は家で本を読みません。」
(4) 3単現の疑問文は**〈Does＋主語＋動詞の原形～?〉**で表す。主語のあとの動詞は原形にする。「隼人は新しいボールをほしいと思っていますか。」

4 (1)「～に所属している」は belong to ～。
(2) 3単現の否定文は**〈主語＋does not＋動詞の原形 ～.〉**で表す。

5 (1)主語 He が3人称単数なので，plays とする。
(2) not と does があるので，3単現の否定文に。
(3)主語 Bagpipes が複数なので，be 動詞は are にする。
(4)ブラウン先生の1つ目の発言から，ピーター(Peter)はブラウン先生の兄[弟]とわかる。

6 (1) 3単現の肯定文にする。主語 Kumi が3人称単数なので，walks とする。「私は毎朝イヌを散歩させます。」→「久美は毎朝イヌを散歩させます。」
(2) 3単現の疑問文にする。動詞 cleans を原形の clean にすることに注意。答えるときは Mr. Green を代名詞 he にかえる。「グリーン先生は毎日お風呂をそうじしますか。」「はい，します。」
(3) 3単現の否定文にする。動詞 swims を原形の swim にすることに注意。「弘樹は上手に泳ぎます。」→「弘樹は上手に泳ぎません。」
(4) what time を使った疑問文にする。「由美は7時に朝食を食べます。」→「由美は何時に朝食を食べますか。」

7 (1)主語 Beth が3人称単数なので，live「住んでいる」は lives とする。
(2) 3単現の否定文で表す。「スキーをする」は ski。
(3) ミス注意！「何の音楽」は what music で表し，これを文頭に置く。そのあとは一般動詞の疑問文の形を続ける。

p.32～p.33 予想問題 ❷

1 (1)**イ** (2)**エ**
2 (1)**Talk, later** (2)**Those are** (3)**Look at** (4)**I see** (5)**have, practice**
3 (1)**teaches** (2)**does** (3)**dance**
4 (1)**Does, he does**
(2)**What subject(s)** (3)**Which, or**
5 (1)①**holds** ②**has** (2)**the**
(3)④**ア** ⑤**ウ**

(4)**Edinburgh is a great place.**

6 (1)**These are my books.**
(2)**I often study English at**
(3)**What time does your father get up?**

7 (1)**My mother drives a taxi.**
(2)**Chika belongs to the English club.**

解説

1 (1)「亜紀のお兄さんは何の動物が好きですか。」という質問なので，動物の名前を答えているイが適切。ア「彼は音楽が好きです。」，イ「彼はトラが好きです。」，ウ「彼には姉[妹]がいます。」，エ「彼には兄[弟]がいます。」

A：Do you have any brothers or sisters, Aki?
B：I have a brother. He likes animals. He likes tigers.
Q：What animal does Aki's brother like?

訳 A：あなたには兄弟か姉妹はいますか，亜紀。
B：私には兄弟が1人います。彼は動物が好きです。彼はトラが好きです。
質問：亜紀の兄弟は何の動物が好きですか。

(2) What does Eriko like?「恵理子は何が好きですか。」という質問なので，エ「彼女はドラマが好きです。」が適切。ア「はい，そうです。」，イ「いいえ，そうではありません。」，ウ「彼女はテレビを見ます。」

A：Which do you like, dramas or sports programs, Eriko?
B：I like dramas.
Q：What does Eriko like?

訳 A：あなたはドラマとスポーツ番組のどちらが好きですか，恵理子。
B：私はドラマが好きです。
質問：恵理子は何が好きですか。

2 (2)「あれらは」はthatの複数形thoseで表す。主語が複数なので，be動詞はareにする。
(3)「～しなさい」は命令文で，動詞で文を始める。

3 (1)(2)主語が3人称単数なので，動詞を3人称単数現在形にする。teachとdoはともにesをつける。 (1)「藤田先生は英語を教えます。」
(2)「浩司は図書館で宿題をします。」
(3) ミス注意! 3単現の否定文。doesn'tのあとの動詞は原形にする。「キャシーは夏祭りで踊りません。」

4 (1)3単現の疑問文は**〈Does＋主語＋動詞の原形 ～?〉**で表す。答えるときはyour fatherを代名詞heに置きかえる。「あなたのお父さんは東京に住んでいますか。」「はい，住んでいます。」
(2) I study math.「私は数学を勉強します。」と答えているので，「あなたは毎週日曜日，何の教科を勉強しますか。」とたずねたと考える。「何の教科」はwhat subject(s)。「あなたは毎週日曜日，何の教科を勉強しますか。」「私は数学を勉強します。」
(3) tennisとbaseballの2つのスポーツを並べているので2択でたずねる**Which ～, A or B?**の形にする。「あなたはテニスと野球のどちらが好きですか。」「私は野球が好きです。」

5 (1)①主語Edinburghが3人称単数なので，holdsとする。 ②主語One festivalが3人称単数なので，haveをhasとする。
(2)直後のbagpipesは楽器名。「(楽器)を演奏する」とするときは**〈play the＋楽器名〉**とtheを入れることに注意。
(3) ミス注意! ④直後に単数の名詞がきていることに注目する。anotherが適切。 ⑤直前の文にsomeがあることに注目する。**Some ..., others ～.**「…もいれば[あれば]，～もいる[ある]。」と考えてothersを入れるのが適切。
(4)主語はEdinburgh。3人称単数なので，be動詞はisを続ける。

6 (1)「これらは～です。」は**These are ～.**で表す。isが不要。
(2)一般動詞の肯定文。often「しばしば」は動詞の前に置く。主語Iは1人称なのでstudiesが不要。
(3)「何時に」はwhat timeで表し，文頭に置く。そのあとは3単現の疑問文の形を続ける。getsが不要。

7 (1)主語my mother「私の母」が3人称単数なので，drive「運転する」はdrivesとする。
(2)主語Chikaが3人称単数なので，belong「所属している」はbelongsとする。

Lesson 5

p.36～p.37 テスト対策問題

1 ウ

2 (1)違った，別の (2)選ぶ，選択する
(3)美しい，かわいい (4)持っている，運ぶ
(5)生活，暮らし (6)働く，仕事をする
(7)sleep (8)mine (9)child (10)team

3 (1)May I (2)Yes，please
(3)How about

4 (1)cooking (2)taking (3)studying
(4)running

5 (1)Is，walking (2)Is，talking，is

6 (1)①ア ②ウ
(2)What is the boy eating? (3)eating

7 (1)We are not practicing tennis.
(2)She isn't watching TV at home.

8 (1)like (2)know

9 Whose pencil，hers

10 (1)That[The] boy is swimming in the sea.
(2)Is your father washing his face?
(3)I am[I'm] not playing the guitar.

解説

1 女の子が何をしているところかに注意して聞き取る。

ア A girl is in the library. She is reading a book about flowers.
イ A girl is in the park. She is drawing a picture of a flower.
ウ A girl is in the park. She is taking pictures of flowers.

訳 ア 女の子が図書館にいます。彼女は花に関する本を読んでいます。
イ 女の子が公園にいます。彼女は花の絵をかいています。
ウ 女の子が公園にいます。彼女は花の写真を撮っています。

2 (1)反意語は same「同じ」。
(9) child の複数形は children。

3 (1)(2)「お手伝いしましょうか。」は May I help you? で表す。それに対して「はい，お願いします。」と答えるときは Yes, please. などと言う。
(3)「～はいかがですか。」は「～はどうですか。」と考えて **How about ～?** で表す。

4 (1)「トムは昼食を作っています。」
(2)take は e をとって ing をつける。「私の兄[弟]はお風呂に入っています。」
(3)「その女の子たちは社会科を勉強しています。」
(4) ミス注意! run は最後の n を重ねて ing をつける。「そのイヌは公園を走っています。」

5 (1)現在進行形の疑問文は**〈be 動詞＋主語＋動詞の -ing 形 ～?〉**で表す。主語が 3 人称単数なので be 動詞は is にする。「彼女は公園でイヌを散歩させます。」→「彼女は公園でイヌを散歩させていますか。」
(2)現在進行形の疑問文は**〈be 動詞＋主語＋動詞の -ing 形 ～?〉**で表す。答えるときも be 動詞を使う。「徹は絵美と話しています。」→「徹は絵美と話していますか。」「はい，話しています。」

6 (1)① **bring A from B** で「B から A を持ってくる」という意味。 ②「カフェテリアで」となるように at を入れる。
(2) ミス注意! 疑問詞 what を文頭に置き，そのあとに現在進行形の疑問文**〈be 動詞＋主語＋動詞の -ing 形〉**の形を続ける。
(3)直前に He's(＝He is の短縮形)があることから現在進行形にする。

7 現在進行形の否定文は**〈主語＋be 動詞＋not＋動詞の -ing 形 ～.〉**で表す。

8 ミス注意! 状態を表す動詞は**ふつう進行形にはしない。**
(1)「私はカレーが好きです。」
(2)「私たちはエマを知っています。」

9 「だれの～」は**〈Whose＋名詞〉**，「彼女のもの」は hers で表す。「これはだれの鉛筆ですか。」「それは彼女のものです。」

10 (1)現在進行形の文。「その少年」は the[that] boy で表し，主語が 3 人称単数なので be 動詞は is にする。
(2)現在進行形の疑問文は be 動詞を主語の前に出す。「あなたのお父さん」は your father で表し，主語が 3 人称単数なので be 動詞は is にする。
(3)現在進行形の否定文は be 動詞のあとに not を置く。

ポイント
ing のつけ方を，動詞ごとに覚えよう。ふつう進行形にしない動詞があることにも注意。

p.38～p.39 予想問題

1 (1)イ (2)ア

2 (1)**looking for** (2)**their own** (3)**as**
(4)**listen to** (5)**after school**

3 (1)**talking** (2)**helping** (3)**playing**
(4)**swimming** (5)**practicing**

4 (1)**is carrying** (2)**aren't going**
(3)**Whose umbrella**

5 (1)**two** (2)**Kevin** (3)**running**
(4)**What do you do after school in**
(5)**an**

6 (1)**Her mother is working as a piano teacher.**
(2)**Are you listening to the radio?**

7 (1)**Bob is eating[having] sandwiches.**
(2)**Kumi is climbing a tree.**
(3)**Mr. Tanaka is walking a[his] dog.**
(4)**Taku's mother is cooking[making] curry (and rice).**

解説

1 (1)ジョンが今していることに注意して聞きとる。

A：What are you doing, John?
B：I'm reading a letter from my father. How about you, Tomomi?
A：I'm doing my homework.
Q：What is John doing?

訳 A：あなたは何をしているのですか，ジョン。
B：ぼくは父からの手紙を読んでいます。あなたはどうですか，知美。
A：私は宿題をしています。
質問：ジョンは何をしていますか。

(2)それぞれの人物がしていることを整理しながら聞きとる。

Hello, I'm Ayumi. My father is using a computer. My mother is cooking lunch. My brother is listening to music.
Q：What is Ayumi's mother doing?

訳 こんにちは，私は歩美です。父はコンピューターを使っています。母は昼食を料理しています。弟は音楽を聞いています。
質問：歩美の母親は何をしていますか。

2 (1)「～をさがす」は **look for** ～で表す。直前にI'm があることから現在進行形にする。
(2)「彼ら自身の～」は their own ～で表す。

3 (1)「グリーン先生は生徒たちと話しています。」
(2)「美香と健は彼らのお母さんを手伝っています。」
(3)「私の姉[妹]は彼女のギターを演奏していますか。」
(4) **ミス注意!** swim は最後の m を重ねて ing をつける。「その子どもは上手に泳いでいます。」
(5) practice は e をとって ing をつける。「その女の子たちは今野球を練習していません。」

4 (1)現在進行形の肯定文。「ナンシーは彼女のギターを運びます。」→「ナンシーは今彼女のギターを運んでいるところです。」
(2)現在進行形の否定文。空所の数より，短縮形の aren't を使う。「私たちは公園へ行くところです。」→「私たちは公園へ行くところではありません。」
(3)下線部は「里香の」という意味なので，whose を使って「だれのものか」をたずねる。「これは里香のかさです。」→「これはだれのかさですか。」

5 (1)直後の2文を参照。In one picture「1枚の写真では」，In the other picture「もう1枚の写真では」とある。the other は「2つのうちもう1つ」という意味なので写真は2枚あるとわかる。
(2)最初の文で Kevin が紹介されているので，この人物を指すと考えると意味が通る。
(3)直前に is があるので現在進行形にする。run は最後の n を重ねて ing をつける。
(4) you と what と do があることから，what を使った一般動詞の疑問文と考える。
(5) **ミス注意!** 直後の名詞 e-mail が母音で始まるので an が適切。

6 (1)現在進行形の肯定文にする。主語が3人称単数なので be 動詞は is。「～として」は as ～で表す。
(2)現在進行形の疑問文にする。

7 今，していることなので現在進行形で表す。どれも主語は3人称単数なので be 動詞は is。
(1)「サンドイッチを食べる」は eat[have] sandwiches。「ボブはサンドイッチを食べています。」
(2)「木に登る」は climb a tree。「久美は木に登っています。」
(3)「イヌを散歩させる」は walk a dog。「田中さんはイヌを散歩させています。」

(4)「カレーを作る」は cook[make] curry (and rice)。「拓のお母さんはカレーを作っています。」

Lesson 6

p.42～p.43 テスト対策問題

1 ア

2 (1)体験，経験 (2)すでに，もう (3)参加する，加わる (4)景色 (5)覚えている，思い出す (6)庭，庭園 (7)win (8)its (9)wait (10)paper

3 (1)for，time (2)a lot (3)took，trip (4)What a

4 (1)talked (2)studied (3)dropped (4)went

5 Did，enjoy，didn't

6 (1)bought (2)scarf (3)It's not really a scarf.

7 (1)did not help (2)didn't make[cook]

8 The boy said, "Thank you."

9 How，get，left，third

10 (1)Miyuki played the guitar last night. (2)Did you take many pictures yesterday? (3)Yes, I did.

解説

1 曜日と，その日にしたことに注意して聞きとる。

A：Did you enjoy your weekend, Ayaka?
B：Yes. I did my homework at home on Saturday. On Sunday, I went to the zoo with my friend.
Q：What did Ayaka do on Sunday?

訳 A：あなたは週末を楽しみましたか，彩花。
B：はい。私は，土曜日は家で宿題をしました。日曜日は，私は友達と動物園に行きました。
質問：彩花は日曜日に何をしましたか。

2 (6) garden「庭，庭園」の類義語は park「公園」。

3 (1) first は「1番目(の)」という意味。
(2)「たくさん」はここでは空所の数より，a lot。
(3)「旅行する」は take a trip to ～。take は不規則動詞で，過去形は took。
(4)「何と～な…でしょう！」〈**What a＋形容詞＋名詞！**〉は，数えられる単数の名詞の場合，a を忘れないように注意。

4 (1) talk はそのまま ed をつける。「私はきのうホワイト先生と話しました。」
(2) study は y を i にかえて ed をつける。「私たちは2日前に理科を勉強しました。」
(3) ミス注意！ drop は最後の p を重ねて ed をつける。「ジョンはきのう彼のさいふを落としました。」
(4) ミス注意！ go は不規則動詞で，過去形は went。「私はこの前の日曜日に遊園地へ行きました。」

5 一般動詞の過去の疑問文は〈**Did＋主語＋動詞の原形 ～?**〉で表す。答えるときも did を使う。No で答えるときは，〈**No, 主語＋did not[didn't].**〉とする。「二郎は先週お祭りを楽しみました。」→「二郎は先週お祭りを楽しみましたか。」「いいえ，楽しみませんでした。」

6 (1)直前の文が過去形なので，buy も過去形にする。buy は不規則動詞で，過去形は bought。
(2) it はふつう前に出た内容を指すが，ここでは this を指すので具体的にわからない。その場合は後ろからさがす。直後の文の scarf が同じものを表すと考えると意味が通る。
(3) be 動詞の否定文。really は a scarf の前に置く。

7 一般動詞の過去の否定文は〈**主語＋did not [didn't]＋動詞の原形 ～.**〉で表す。
(2)空所の数から，短縮形の didn't を使う。

8 「…が『～』と言いました。」は〈**主語＋said, "～."**〉で表す。カンマ(,)やクォーテーションマーク(" ")の位置に注意。

9 ミス注意！「～へはどうやったら行けますか。」は〈**How can I get to＋目的地？**〉で表す。「左に」は left で表す。「3つ目の角」は序数 third を使って at the third corner とする。「朝日駅へはどうやったら行けますか。」「3つ目の角を左に曲がってください。」

10 (1)一般動詞の過去の文。「ギターを演奏する」は play the guitar。
(2)一般動詞の過去の疑問文。「たくさんの写真を撮る」は take many pictures。
(3)一般動詞の過去の疑問文に Yes で答えるときは，〈**Yes, 主語＋did.**〉とする。

ポイント
不規則動詞の過去形は，よく出題される。boughtのghなど，発音しない部分もあるので注意しよう！

p.44～p.45 予想問題 ❶

1 ウ
2 (1)touched，heart (2)in charge
(3)had，experience
3 (1)enjoyed (2)ate (3)saw
4 (1)I lived in London three years
(2)Did you buy flowers for your mother?
(3)How can I get to the museum?
5 (1)took (2)My parents waited in a
(3)*udon* (4)for，first
6 (1)cooked (2)Did you visit，I[we] did
(3)What did，do
7 (1)Did your sister use her mobile phone last night?
(2)No, she did not[didn't].
(3)I did not[didn't] send this letter to Ayumi.

解説

1 曜日とその曜日にしたことを聞きとる。
ア Wataru practiced the piano last Wednesday.
イ Wataru practiced soccer last Saturday.
ウ Wataru enjoyed karaoke with his friends last Saturday.
訳 ア ワタルはこの前の水曜日にピアノを練習しました。
イ ワタルはこの前の土曜日にサッカーを練習しました。
ウ ワタルはこの前の土曜日に友達とカラオケを楽しみました。
2 (1)heartは「心臓，心」という意味。
(2)chargeは「受け持ち，責任」という意味。
(3) ミス注意！「よい経験をする」はhave a good experienceで表す。haveは不規則動詞で過去形はhad。
3 文末にyesterday「きのう」やlast Sunday「この前の日曜日」があるので，過去形にする。
(1)enjoyはそのままedをつける。「私たちはきのう体育館でバスケットボールを楽しみました。」
(2)eatは不規則動詞で，過去形はate。「卓也はこの前の日曜日に寿司を食べました。」
(3)seeは不規則動詞で，過去形はsaw。「私はきのう駅で石井先生を見ました。」
4 (1)一般動詞の過去の文。「～に住む」は**live in ～**。
(2)一般動詞の過去の疑問文**〈Did＋主語＋動詞の原形 ～?〉**で表す。
(3)「～へはどうやったら行けますか。」**How can I get to ～?**で表す。
5 (1)2文目以降が過去形になっているので，takeも過去形にする。takeは不規則動詞で過去形はtook。
(2)一般動詞の過去の文。冠詞aは単数名詞の前に置くので，parentsではなくsweet shopの前に置く。
(3)直前の文の*udon*を指すと考えると意味が通る。
(4)「初めて」はfor the first time。
6 (1)yesterday「きのう」を文末に置くので，cookを過去形のcookedにする。「博司は毎日朝食を料理します。」→「博司はきのう朝食を料理しました。」
(2) ミス注意！一般動詞の過去の疑問文で表す。動詞visitedを原形visitにすることに注意。「あなた(たち)はこの前の土曜日，健の家を訪れました。」→「あなた(たち)はこの前の土曜日，健の家を訪れましたか。」「はい，訪れました。」
(3)したことをたずねるので，「彼女はきのう何をしましたか。」とたずねる文にする。疑問詞whatを文頭に置き，そのあとに一般動詞の過去の疑問文の語順を続ける。「彼女はきのう音楽を聞きました。」→「彼女はきのう何をしましたか。」
7 (1)一般動詞の過去の疑問文。「昨夜」はlast night。
(2)一般動詞の過去の疑問文に「いいえ」と答えるときは，**〈No, 主語＋did not[didn't].〉**とする。
(3)一般動詞の過去の否定文。

p.46～p.47 予想問題 ❷

1 (1)イ (2)ウ
2 (1)the first time (2)What a
(3)How can (4)New Year's Day
(5)Excuse me
3 (1)listened (2)died (3)take (4)went

4 (1)**Did, I[we] did** (2)**Did, she didn't**
(3)**What did**

5 (1)**I am on the baseball team.**
(2)**a big game** (3)**made** (4)**rice balls**

6 (1)**Did you see my scarf?**
(2)**We did not have a science class**

7 (1)**Hiroki played the piano yesterday.**
[Yesterday, Hiroki played the piano.]
(2)**Karen went to school yesterday.**
[Yesterday, Karen went to school.]
(3)**The boy bought a book yesterday.**
[Yesterday, the boy bought a book.]
(4)**They climbed the[a] mountain yesterday.**
[Yesterday, they climbed the[a] mountain.]

解説

1 (1) bought という単語と買った商品に注意して聞き取る。**ア**「彼はＤＶＤを買いました。」，**イ**「彼はくつを買いました。」，**ウ**「彼はボールを買いました。」

A：I went shopping yesterday. I bought this cap and these shoes.
B：Good, Kenta. Did you buy a DVD?
A：No, I didn't.
Q：What did Kenta buy yesterday?

訳 A：ぼくはきのう，買い物に行きました。ぼくはこの帽子とくつを買いました。
B：いいですね，健太。あなたはＤＶＤを買いましたか。
A：いいえ，買いませんでした。
質問：健太はきのう何を買いましたか。

(2)Did you see the new movie about animals last Sunday, Naoto?「あなたはこの前の日曜日，動物についての新しい映画を見ましたか，直人。」に対して直人は No と答え，続けて I helped my mother「ぼくは母を手伝いました」と述べているので，**ウ**が適切。**ア**「彼は映画を見ました。」，**イ**「彼はエイミーと話しました。」，**ウ**「彼は彼のお母さんを手伝いました。」

A：Did you see the new movie about animals last Sunday, Naoto?
B：No, I didn't. I helped my mother on that day. How about you, Amy?
A：I saw it. I liked it very much.
Q：What did Naoto do last Sunday?

訳 A：あなたはこの前の日曜日，動物についての新しい映画を見ましたか，直人。
B：いいえ，見ませんでした。ぼくはその日，母を手伝いました。あなたはどうですか，エイミー。
A：私はそれを見ました。私はそれをとても気に入りました。
質問：直人はこの前の日曜日，何をしましたか。

2 (1)「初めて」は for the first time で表す。
(2) **What ～!** で驚きを表す。
(3)「どうやったら～に行けますか。」は **How can I get to ～?** で表す。

3 (1)文末に last night「昨夜」があるので，過去形の listened にする。「ティナは昨夜音楽を聞きました。」
(2)直後に two years ago「2 年前」があるので，過去形 died にする。「私のイヌは 2 年前に死にました。」
(3) ミス注意! 一般動詞の過去の疑問文なので take をそのまま入れる。「あなたは先月旅行しましたか。」
(4)文末に last month「先月」があるので，過去形の went にする。「大樹は先月和歌山に行きました。」

4 (1)一般動詞の過去の疑問文とそれに対する応答。「あなた(たち)はきのう，あなた(たち)の家をそうじしましたか。」「はい，しました。」
(2)疑問文の主語 your sister は she に置きかえる。「あなたのお姉さん[妹さん]は昨晩そのドラマを見ましたか。」「いいえ，見ませんでした。」
(3) I practiced volleyball と，具体的にしたことを答えているので，「あなたはこの前の土曜日に何をしましたか。」とたずねる文にする。「あなたはこの前の土曜日に何をしましたか。」「私は私の友達とバレーボールを練習しました。」

5 (1)「～部の一員です」は on the ～ team で表す。
(2)直前の文の a big game を指すと考えると意味が通る。
(3) ミス注意! 文章全体が過去形で進められているので，make も過去形 made にする。
(4)直前の had を「食べた」という意味と考えて直前の文の rice balls「おにぎり」を指すと

考えるのが適切。

6 (1)一般動詞の過去の疑問文。
(2)一般動詞の過去の否定文。語群に we と have があることから,「~がありませんでした」は「私たちは~を持ちませんでした」と考えて We did not have ~とする。

7 きのうしたことを説明するので動詞は過去形にし, yesterday「きのう」を文頭または文末に置く。
(1)「ピアノを演奏する」は play the piano。「弘樹はきのうピアノを演奏しました。」
(2)「学校に行く」は go to school。go は不規則動詞で,過去形は went。「カレンはきのう学校に行きました。」
(3)「1冊の本を買う」は buy a book。buy は不規則動詞で,過去形は bought。「その男の子はきのう1冊の本を買いました。」
(4)「山に登る」は climb the[a] mountain。「彼らはきのう山に登りました。」

Lesson 7

p.50～p.51 テスト対策問題

1 イ
2 (1)いつも,常に (2)だれでも,みんな
(3)難しい,困難な (4)心,精神,考え
(5)国の,国立の,国家の (6)負ける
(7)could (8)message (9)drew (10)love
3 (1)go skiing (2)At, same
4 (1)was (2)were (3)was (4)were
5 (1)Was Kazu, was (2)were not
(3)weren't interested
6 (1)I had a problem with my homework
(2)a problem (3)was
7 (1)Was Bob taking a bath?
(2)Ms. Green was not teaching English.
8 (1)doesn't look (2)looks delicious
9 (1)a (2)an
10 (1)Were you excited?
(2)My sister was cooking at seven last night.[At seven last night, my sister was cooking.]
(3)You look hungry.

解説

1 「きのう」と「今」の絵のちがいを事前に読み取っておくとよい。
ア A book was on the floor yesterday, but it isn't there now.
イ A book was on the bed yesterday, but it isn't there now.
ウ A book was on the bed yesterday, and it is there now, too.
訳 ア 1冊の本がきのう床の上にありましたが,今はそこにありません。
イ 1冊の本がきのうベッドの上にありましたが,今はそこにありません。
ウ 1冊の本がきのうベッドの上にあり,今もそこにあります。

2 (4)類義語は heart「心臓,心」。

3 (1)「~しに行く」は go ~ing で表す。
(2)same は「同じ,同一の,よく似た」という意味。

4 (1)(2)(3)主語が単数の場合は was,複数の場合は were を使う。 (1)「私は先週京都にいました。」 (2)「彼らは昨年,中学生でした。」
(3)「私の姉[妹]はきのううれしかったです。」
(4) ミス注意! 主語は Mike and John「マイクとジョン」なので複数。John だけを見て単数と間違えないように注意。「マイクとジョンは驚いていました。」

5 (1)be 動詞の過去の疑問文は**〈Was[Were]＋主語 ~?〉**で表す。答えるときも was[were] を使い,**〈Yes, 主語＋was.〉**とする。「和は忙しいです。」→「和は忙しかったですか。」→「はい,そうでした。」
(2)「あれらの生徒たちはつかれていました。」→「あれらの生徒たちはつかれていませんでした。」
(3)主語 They は複数なので,be 動詞は were。空所の数より,were not の短縮形 weren't を使う。「彼らはそのコンサートに興味があります。」→「彼らはそのコンサートに興味がありませんでした。」

6 (1)一般動詞の過去の文。a problem with ~で「~についての問題」という意味。
(2)work out は「解決する」という意味。同じ文の前半にある a problem を指すと考えると

意味が通る。

(3)この対話では全体的に過去のことについて話しているので，be を過去形にする。主語が I なので was にする。

7 (1)過去進行形の疑問文は**〈Was[Were]＋主語＋動詞の -ing 形 ～?〉**で表す。

(2)過去進行形の否定文は**〈主語＋was[were] not＋動詞の -ing 形 ～.〉**で表す。

8 「～に見えます」は**〈look＋形容詞〉**で表す。

(1)否定文で，主語 Mary が 3 人称単数なので，主語の後ろに doesn't を置く。

9 特定のものではないものについて「1 つの」と言うときは a/an を使う。

(1)「私は 1 つの新しいかばんがほしいです。」

(2) ミス注意! egg は母音で始まるので，an を置く。

10 (1) be 動詞の過去の疑問文。「わくわくした」は excited。

(2)過去進行形の文。主語 my sister は 3 人称単数なので，be 動詞は was を使う。

(3)「～に見えます」**〈look＋形容詞〉**の文。「空腹の」は hungry。

ポイント

特定ではないものについて a または an をつけるときは，名詞が母音(a，i，u，e，o に似た音)ではじまるかどうかに注意。

p.52～p.53 予想問題

1 エ

2 (1)**Sounds like** (2)**worked, out**

3 (1)**was** (2)**looking** (3)**were**
(4)**is** (5)**studying**

4 (1)**Emma was not[wasn't] tired after the game.**
(2)**What were you doing then?**

5 (1)**My father looks very happy.**
(2)**Mr. White was not in Japan**
(3)**Was Kazuya taking a bath with his brother?**

6 (1)**could** (2)②**エ** ⑥**ア**
(3)**wheelchair basketball**
(4)**It was not really basketball to**
(5)**Australian and US teams**

7 (1)**was running at eight**
(2)**were playing soccer at eight**
(3)**was reading a book at eight**

解説

1 疑問詞 what に注意して聞きとる。**ア**「はい，そうでした。」，**イ**「いいえ，そうではありませんでした。」，**ウ**「私は教室にいました。」，**エ**「私は絵里と話していました。」

A：Hiroki, where were you? I was looking for you.
B：I was in the classroom.
A：What were you doing there?

訳 A：弘樹，あなたはどこにいたのですか。私はあなたをさがしていました。
B：ぼくは教室にいました。
A：あなたはそこで何をしていたのですか。

2 (1) sound like ～は「～のように思われる」という意味。

3 (1) three years ago「3 年前」があるので，過去形にする。主語が I なので，was が適切。「私は 3 年前東京にいました。」

(2)直前に were があるので，過去進行形の文にする。「その生徒たちは香川先生をさがしていました。」

(3) five years ago「5 年前」があるので，過去形にする。主語が複数なので，were が適切。「大樹と由香は 5 年前友だちではありませんでした。」

(4) ミス注意! now「今」があるので，現在進行形にする。主語が 3 人称単数なので，is が適切。「私の姉[妹]は今音楽を聞いています。」

(5)前に were があるので過去進行形にする。「何人かの女の子たちが図書館で勉強していました。」

4 (1) be 動詞の過去の否定文にする。「エマは試合のあと，つかれていました。」→「エマは試合のあと，つかれていませんでした。」

(2) ミス注意! 下線部は「テレビを見ていた」という意味なので，「あなたはその時何をしていましたか。」と，していたことを具体的にたずねる文にする。「あなたはその時テレビを見ていました。」→「あなたはその時何をしていましたか。」

5 (1)「～に見えます」は**〈look＋形容詞〉**で表す。

(2) be 動詞の過去の否定文。

(3)過去進行形の疑問文。「入浴する」は take a bath。

6 (1)文章全体が過去形で進められているので，can も過去形にする。can の過去形は could。
(2)② at the same time で「同時に」という意味。⑥ above all で「何よりも」という意味になる。
(3)直前の wheelchair basketball を指すと考えると意味が通る。
(4) be 動詞の過去の否定文で表す。be 動詞 was のあとに not を置く。
(5)直前の 2 文参照。

7 「～していました」と説明するので，過去進行形で表す。
(1)「(1 匹の) イヌが 8 時に走っていました。」という英文にする。主語が 3 人称単数なので，be 動詞は was。
(2)「豊と舞が 8 時にサッカーをしていました。」という英文にする。主語が複数なので，be 動詞は were を使う。
(3)「男性が 8 時に本を読んでいました。」という英文にする。主語が 3 人称単数なので，be 動詞は was を使う。

Lesson 8

p.56 ～ p.57 テスト対策問題

1 イ
2 (1)**最後の** (2)**たぶん，～かもしれない**
(3)**とどまる，いる，滞在する**
(4)**決定する，(心に)決める**
(5)**未来(の)，将来(の)** (6)**祝日，休日**
(7)**left** (8)**baby** (9)**felt** (10)**share**
3 (1)**For example** (2)**Let's go**
4 (1)**will be** (2)**It'll be**
5 **Will, practice, will**
6 (1)**Are**
(2)**I am going to listen to**
7 (1)**will not** (2)**won't be**
8 **Will[Can] you**
9 (1)**We are going to visit the park.**
(2)**Risa isn't going to read the book.**
10 **the 1970s**
11 (1)**The[That] festival will be crowded.**
(2)**Are you going to join this team?**

解説

1 天気を表す単語と曜日に注意して聞きとることがポイント。
ア It will be sunny next Monday, but it will be rainy next Tuesday.
イ It will be rainy next Wednesday, and it will be rainy next Thursday, too.
ウ It will be rainy next Thursday, and it won't be sunny next Friday.
訳 ア 今度の月曜日は晴れでしょうが，今度の火曜日は雨でしょう。
イ 今度の水曜日は雨で，今度の木曜日も雨でしょう。
ウ 今度の木曜日は雨で，今度の金曜日は晴れないでしょう。

3 (2)「～しましょう。」は**〈Let's＋動詞の原形 ～.〉**で表す。

4 (1) next week にかえるので，**〈will＋動詞の原形〉**を使った未来の文にする。be 動詞は原形の be にする。「私の姉[妹]はきょう忙しいです。」→「私の姉[妹]は来週，忙しいでしょう。」
(2) ミス注意！ tomorrow にかえるので，未来の文にする。ここでは空所の数から，It will の短縮形 It'll を使う。「今は暑いです。」→「あしたは暑いでしょう。」

5 will の疑問文は**〈Will＋主語＋動詞の原形 ～?〉**で表す。Yes で答えるときは**〈Yes,＋主語＋will.〉**とする。「隼人はテニスを練習するでしょう。」→「隼人はテニスを練習するでしょうか。」「はい，するでしょう。」

6 (1)後ろに going to とクエスチョンマークがあることから，be going to ～の疑問文と考える。主語が you なので be 動詞は are にする。
(2)語群に am, to, going があることから be going to ～の文と考える。listen to ～で「～を聞く」という意味。

7 「～しないでしょう」は will の否定文**〈主語＋will not[won't]＋動詞の原形 ～.〉**で表す。

8 「～してくれませんか。」は **Will[Can] you ～?** で表す。「私のイヌを散歩させてくれませんか。」「いいですよ。今行きます。」

9 (1)「～するつもりです。」は**〈主語＋be 動詞＋going to＋動詞の原形 ～.〉**で表す。
(2)「～するつもりではありません」は be going

to ～の否定文で表す。be 動詞のあとに not を置く。

10 「～年代」は**〈the＋数字＋s〉**で表す。

11 (1)「～でしょう」は will の肯定文で表す。「こんだ」は crowded。

(2)「～するつもりですか」は will または be going to ～の疑問文で表す。ここでは語数指定より be going to ～の疑問文**〈be 動詞＋主語＋going to＋動詞の原形 ～?〉**を使う。「このチームに加わる」は join this team。

ポイント
Will you ～? には「～でしょうか」と「～してくれませんか」という 2 つの意味がある。

p.58 ～ p.59 予想問題

1 ア

2 (1)**day, tomorrow** (2)**symbol of**
(3)**In addition** (4)**Pardon me**
(5)**picked up** (6)**the 1990s**

3 (1)**It will be cloudy tomorrow.**
(2)**Is Ms. Takeda going to talk about Chinese food?**
(3)**What will Ken do next Sunday?**

4 (1)**Will Yuki come to school**
(2)**I'm not going to go to London.**
(3)**Can you turn off the light?**

5 (1)**We will clean the paths on Mt. Fuji.**
(2)**with** (3)**getting** (4)**ウ**

6 (1)**My father is going to buy a new computer.**
(2)**It will not be warm tomorrow morning.**

7 (1)**will[is going to] clean his house**
(2)**will[is going to] practice soccer**
(3)**will[is going to] go to her grandmother's house**
(4)**will[is going to] eat[have] lunch with Akina**

解説

1 be going to のあとに注意して聞きとる。**ア**「彼はテレビを見るつもりです。」, **イ**「彼は彼の友達の家に行くつもりです。」, **ウ**「彼は新しいテレビを買うつもりです。」, **エ**「彼は彼のイヌを散歩させるつもりです。」

A：Are you going to go to Kate's house tomorrow, Shingo?
B：No. I'm going to stay home. I'm going to watch my favorite TV program.
A：What is the TV program about?
B：It is about dogs.
Q：What will Shingo do tomorrow?

訳 A：あなたはあしたケイトの家に行くつもりですか，慎吾。
B：いいえ。ぼくは家にいるつもりです。ぼくはお気に入りのテレビ番組を見るつもりです。
A：それは何についてのテレビ番組ですか。
B：それはイヌについてのものです。
質問：慎吾はあした何をするでしょうか。

2 (3) addition は「付け加わったもの，付け加えること」という意味。
(6)年代を表すときは**〈the＋数字＋s〉**とする。

3 (1) tomorrow「あした」を文末に置くので，未来の肯定文にする。語数指定より，will を使う。「今日はくもりです。」→「あしたはくもりでしょう。」
(2) be going to ～の疑問文**〈be 動詞＋主語＋going to＋動詞の原形 ～?〉**にする。「武田先生は中国の食べ物について話す予定です。」→「武田先生は中国の食べ物について話す予定ですか。」
(3) ミス注意！ 下線部は「テニスを練習する」という意味なので，「健は今度の日曜日に何をするでしょうか。」と，することを具体的にたずねる文にする。疑問詞 what を文頭に置き，そのあとに will の疑問文の語順を続ける。「健は次の日曜日にテニスを練習するでしょう。」→「健は次の日曜日に何をするでしょうか。」

4 (1) will の疑問文で表す。「学校に来る」は come to school。
(2) be going to ～の否定文にする。
(3)「(明かりなどを)消す」は turn off。

5 (1) will の肯定文にする。
(2) **busy with** ～で「～で忙しい」, **share** ～ **with ...** で「～を…と共有する」を表す。
(3) ミス注意！ 直前に is があるので進行形にする。
(4)「～しませんか。」(勧誘)は Will you ～? で表す。

6 (1)「～する予定です」という日本語と語数指定から，be going to ～の肯定文にする。

(2)「～ではないでしょう」は will の否定文で表す。天気について表すとき，主語は it にする。

7 今度の土曜日または日曜日にすることなので，will[be going to]を使った文にする。

(1)「(彼の)家をそうじする」は clean his house。「アレックスは次の土曜日に彼の家をそうじするつもりです。」

(2)「サッカーを練習する」は practice soccer。「アレックスは次の土曜日にサッカーを練習するつもりです。」

(3)「(彼女の)祖母の家に行く」は go to her grandmother's house。「真理は今度の日曜日に彼女の祖母の家に行くつもりです。」

(4)「明菜とお昼ご飯」は「明菜と昼食を食べる」と考えて eat[have] lunch with Akina とする。「真理は今度の日曜日に明菜と昼食を食べるつもりです。」

Reading for Fun

p.61 テスト対策問題

1 イ

2 (1)**注意深い，慎重な** (2)**地面**
(3)**穴** (4)**意味する，～の意味である**
(5)**ran** (6)**sat** (7)**fell** (8)**thought**

3 (1)**How long** (2)**at all**

4 (1)**went** (2)**didn't watch**

5 **My father was reading a newspaper**

6 (1)**Look at** (2)**Don't come**

解説

1 それぞれの動作と時刻をセットで聞き取ろう。

Satoru got up at six and had breakfast with his father at six thirty. He went to school at eight. After school, he practiced soccer at five.

訳 悟は6時に起きて，6時30分に父親と朝食を食べました。彼は8時に学校に行きました。放課後，彼は5時にサッカーを練習しました。

2 (2)the をつけて，the ground で「地面」を表す。

3 (2)「少しも～ない」は **not ～ at all** で表す。

4 (1)yesterday にかえるので，過去の文にする。go は不規則動詞で過去形は went。「徹は今日図書館へ行くでしょう。」→「徹はきのう図書館へ行きました。」

(2) ミス注意! 一般動詞の過去の否定文は**〈主語＋did not[didn't]＋動詞の原形 ～.〉**で表す。空所の数より，短縮形 didn't を使う。watched を原形 watch に戻すことに注意。「私は先週，映画を見ました。」→「私は先週，映画を見ませんでした。」

5 「～していました」は過去進行形**〈was[were]＋動詞の -ing 形〉**で表す。

6 (1)「～しなさい」は命令文で表す。動詞の原形で文を始める。「～を見る」は look at ～。

(2)「～してはいけません。」は否定の命令文**〈Don't＋動詞の原形 ～.〉**で表す。

ポイント
否定文では don't や didn't などの後ろは動詞の原形を置くことに注意！

p.62～p.63 予想問題

1 エ

2 (1)**What, mean** (2)**fell into**
(3)**ran into** (4)**Suddenly**
(5)**walked around**

3 (1)**belonged** (2)**drew**
(3)**were** (4)**sitting**

4 (1)**talked** (2)**Did, cook**
(3)**wasn't drinking** (4)**Eat breakfast**
(5)**didn't buy**

5 (1)**tie** (2)**around** (3)**be**
(4)**had** (5)**I don't like it at all.**

6 (1)**He was not helping his father.**
(2)**Please come and see my concert.**
(3)**Did you write a letter to Takuya?**

7 (1)**My brother did not[didn't] get up early yesterday.[Yesterday, my brother did not[didn't] get up early.]**
(2)**The boy was watching TV then[at that time].[Then[At that time], the boy was watching TV.]**
(3)**Don't play the piano at night.[At night, don't play the piano.]**

解説

1 過去進行形の後ろに注意して聞きとる。**ア**「彼は写真を撮っていました。」，**イ**「彼は家にいませんでした。」，**ウ**「彼はケイトに電話していました。」，エ「彼はお風呂に入っていました。」

A：Where were you last night, Tetsuya?
B：I was at home.
A：Really? I made a call at eight last night, but you didn't answer the phone.
B：Sorry, Kate. I was taking a bath at that time.
Q：What was Tetsuya doing at eight last night?

訳 A：あなたは昨夜，どこにいましたか，哲也。
B：ぼくは家にいました。
A：本当ですか。私は昨夜8時にあなたに電話しましたが，あなたは電話に出ませんでした。
B：すみません，ケイト。ぼくはその時入浴していました。
質問：哲也は昨夜8時に何をしていましたか。

2 (1)「それはどういう意味ですか。」は「それは何を意味していますか。」と考えて，What does it mean? で表す。

3 (1) last year「昨年」が文末にあるので，過去形 belonged にする。「私の姉[妹]は昨年，音楽部に所属していました。」
(2) last Sunday「この前の日曜日」が文末にあるので，過去形 drew にする。「私はこの前の日曜日，公園で花の絵をかきました。」
(3) ミス注意！ two hours ago「2時間前」が文末にあり，直後に making があるので，過去進行形**〈was[were]＋動詞の -ing 形〉**にする。主語が Tom and Emma と複数なので，were にする。Emma だけを見て was にしないように注意。「トムとエマは2時間前プリンを作っていました。」
(4)直前に was があるので，過去進行形にする。sit は t を重ねて ing をつける。「私はその時ベンチにすわっていました。」

4 (1) yesterday を加えるので過去の文にする。talk を過去形 talked にする。「里美は本田先生と話します。」→「里美はきのう，本田先生と話しました。」
(2)一般動詞の過去の疑問文は**〈Did＋主語＋動詞の原形 ～?〉**で表す。「彼らはこの前の日曜日カレーを作りました。」→「彼らはこの前の日曜日カレーを作りましたか。」
(3)過去進行形の否定文は，was[were]のあとに not を置く。ここでは解答欄の数から，was not の短縮形 wasn't を使う。「私はその時コーヒーを飲んでいました。」→「私はその時コーヒーを飲んでいませんでした。」
(4)「～しなさい」という命令文は動詞の原形で文をはじめる。「あなたは毎日朝食を食べます。」→「毎日，朝食を食べなさい。」
(5)「リリーは店でいくつかのレモンを買いました。」→「リリーは店でレモンを1つも買いませんでした。」

5 (1) ミス注意！ 直前に belt があるのでこれを指すように思えるが，下線部のあとの発言に，ベルトではなくネクタイだとあるので tie が適切。
(2) around を入れるのが適切。②は around my neck で「首のまわり」という意味。③は look around で「あちらこちらを見る」という意味になる。
(3) please は命令文で用いられる。④の直後の careful「注意深い」は形容詞なので，be 動詞の原形 be が適切。
(4)直前の文の動詞が過去形なので，have を過去形 had にする。
(5) **not ～ at all** で「少しも～ない」という意味。

6 (1)「～していませんでした」は過去進行形の否定文で表す。was のあとに not を置く。
(2) ミス注意！「～してください。」は**〈Please＋動詞の原形 ～.〉**で表す。「～しに来る」は come and ～で表す。
(3)「～しましたか。」は一般動詞の過去の疑問文**〈Did＋主語＋動詞の原形 ～?〉**で表す。

7 (1)「～しませんでした」は一般動詞の過去の否定文**〈主語＋did not[didn't]＋動詞の原形 ～.〉**で表す。「起きる」は get up。
(2)過去進行形**〈was[were]＋動詞の -ing 形〉**にする。主語 the boy「その少年」は3人称単数なので，be 動詞は was にする。
(3)「～してはいけません。」は否定の命令文**〈Don't＋動詞の原形 ～.〉**で表す。「夜に」は at night。

6 5 4 3
D C B A

中間・期末の攻略本

テストに出る！

5分間攻略ブック

三省堂版

英語
1年

教科書の重要文，
重要語句をまとめました

文法のポイントをマスター

重要語句の音声付き
←音声はこちらから

赤シートを
活用しよう！

テスト前に最後のチェック！
休み時間にも使えるよ♪

「5分間攻略ブック」は取りはずして使用できます。

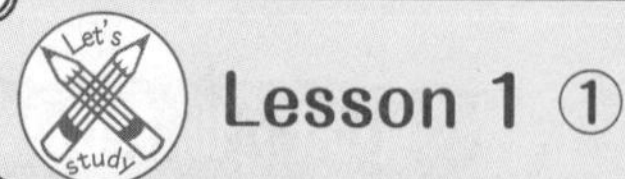

Lesson 1 ①

教科書 p.15~p.27

重要文

☑I am Tanaka Hana.	私は田中花です。
☑You are a dancer.	あなたはダンサーです。
☑I play tennis.	私はテニスをします。
☑You like sports.	あなたはスポーツが好きです。
☑Are you a baseball fan?	あなたは野球のファンですか。
☑— Yes, I am.	— はい，そうです。
No, I am not.	いいえ，そうではありません。
☑Do you play rock?	あなたはロックを演奏しますか。
☑— Yes, I do. / No, I do not.	— はい，します。/ いいえ，しません。

重要単語・表現

♪b01

Lesson 1

☑dancer	ダンサー
☑**every**	すべての，あらゆる
☑every day	毎日
☑skier	スキーヤー
☑swimmer	水泳選手，泳ぐ人
☑thirsty	のどのかわいた
☑**city**	市，都市
☑comic(s)	漫画(まんが)の本
☑**live**	住む，住んでいる
☑Ms.	～さん，～先生
☑**much**	たいへん，大いに，とても
☑very much	とても
☑**now**	今，今は，現在は
☑turtle	カメ
☑bathroom	浴室
☑**draw**	引く，(絵などを)かく
☑fan	(スポーツなどの)ファン
☑**kitchen**	台所
☑**picture(s)**	絵画，写真
☑rock	(音楽の)ロック
☑**take**	(ある行動を)する
☑take a picture	写真を撮(と)る
☑**any**	疑 いくつかの，いくらかの
	否 1つの～も，少しの～も(～ない)
☑**interested**	興味を持った
☑be interested in ～	～に興味がある
☑**know**	知っている
☑**often**	しばしば
☑**sing**	歌う
☑**song(s)**	歌
☑**word(s)**	ことば，単語

ココをチェック！

☑「私は～です」	I am ～.
☑「私は～が好きです」	I like ～.
☑「あなたは～ですか」	Are you ～?
☑「あなたは～しますか」	Do you ～?

Lesson 1 ② ～ GET Plus 1

教科書 p.28～p.35

重要文

☑I am not good at the guitar.	私はギターが得意ではありません。
☑You are not in a band.	あなたはバンドに入っていません。
☑I do not play baseball.	私は野球をしません。
☑You do not go to theaters.	あなたは映画館へ行きません。
☑What food do you like?	あなたはどんな食べものが好きですか。
☑— I like rice balls.	— 私はおにぎりが好きです。

重要単語・表現

♪b02

Lesson 1

☑**action**	動き，演技，動作
☑band	バンド，楽団
☑**character**	人物，登場人物
☑Chinese	中国語(の)，中国人(の)
☑**computer**	コンピューター
☑drummer	ドラマー，ドラム奏者
☑excited	興奮した
☑guitarist	ギター奏者
☑**hungry**	空腹の
☑pianist	ピアニスト
☑**speak**	話す
☑theater(s)	劇場，映画館
☑**tired**	つかれた
☑trumpeter	トランペット奏者
☑**use**	使う，使用する
☑classical	古典主義の，古典的な
☑**come**	来る
☑**favorite**	お気に入りの
☑hip-hop	ヒップホップ
☑hobby	趣味(しゅみ)
☑Mr.	～先生，～さん
☑**need**	～が必要である
☑**see**	見る，～が見える
☑**show**	ショー
☑**sometimes**	ときどき，時には
☑**ticket**	切符(きっぷ)，チケット
☑come and see ～	～を見に来る[行く]

GET Plus 1

☑comedy	喜劇
☑documentary	記録作品
☑fantasy	空想，空想の産物
☑fiction	小説，作り話
☑folk	民間の，民間伝承の
☑horror	恐怖(きょうふ)
☑**news**	報道，知らせ
☑program(s)	番組，プログラム
☑quiz	クイズ
☑romance	恋愛(れんあい)関係

ココをチェック！

☑「私は～ではありません」 I am not ～.

☑「私は～しません」 I do not[don't] ～.

Lesson 2 ～ GET Plus 2

教科書 p.37～p.47

重要文

☐I can make pudding.	私はプリンをつくることができます。
☐I cannot bake cookies.	私はクッキーを焼くことができません。
☐Can you dance?	あなたは踊(おど)ることができますか。
☐— Yes, I can. / No, I cannot.	— はい，できます。/ いいえ，できません。
☐How many butterflies do you see?	あなたはチョウが何匹(びき)見えますか。
☐— I see six butterflies.	— 6匹(びき)見えます。

重要単語・表現

♪b03

Lesson 2

☐bake	(オーブンで)焼く
☐**can**	～することができる
☐cannot	否 can の否定形
☐**climb**	登る，よじ登る
☐**far**	(距離(きょり)が)遠くに，遠く
☐**fast**	(速度が)速く
☐**ride**	乗る，乗って行く
☐**run**	走る，走って行く
☐skate	スケートをする
☐**swim**	泳ぐ
☐**tree(s)**	木，樹木
☐**well**	うまく，上手に，十分に
☐assistant	助手，アシスタント
☐**cut**	切る
☐**enjoy**	楽しむ，味わう
☐**his**	彼(かれ)の
☐knife	ナイフ，小刀，包丁
☐**main**	おもな，主要な
☐**of**	～の
☐**quickly**	すばやく，速く
☐**teacher(s)**	先生，教師
☐**catch**	つかまえる，捕(と)る
☐Spanish	スペイン語〔人〕
☐**touch**	触れる，さわる
☐trick(s)	手品，トリック
☐**write**	書く
☐ballet	バレエ
☐**cool**	かっこいい，すばらしい
☐dribble	ドリブルをする
☐**here**	ここに，ここで
☐**send**	送る
☐**so**	非常に，とても
☐**sure**	もちろん，はい
☐**video**	ビデオテープ，映像

GET Plus 2

☐hawk	タカ
☐kangaroo	カンガルー
☐**number**	数
☐**some**	いくつかの，いくらかの
☐thousand	1000

ココをチェック！

☐「私は～できます」 I can ～.

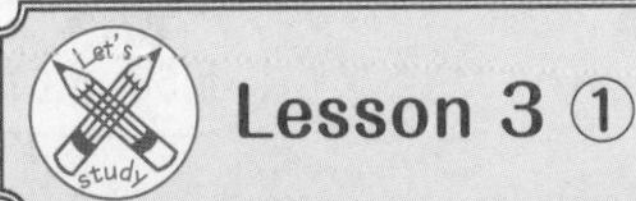

Lesson 3 ①

教科書
p.49~p.57

重要文

☑This is a dress.	これはドレスです。
☑This is not a dress.	これはドレスではありません。
☑Is this Wakaba Shrine?	これはわかば神社ですか。
☑— Yes, it is.	— はい，そうです。
No, it is not.	いいえ，そうではありません。
☑What is this?	これは何ですか。
☑— It is a library.	— それは図書館です。

重要単語・表現

♪b04

Lesson 3

☑**friend**	友人，友達
☑**new**	新しい，目新しい
☑**our**	私たちの
☑classmate	クラスメイト，同級生
☑**dear**	親愛なる
☑**easy**	やさしい，簡単な
☑fox	キツネ
☑Hindi	ヒンディー語
☑**learn**	学ぶ，習う，覚える
☑**name**	名前
☑radish	ハツカダイコン
☑**yours**	あなたのもの
☑bitter	苦い
☑climb	登る
☑fan	扇(おうぎ)
☑high	高い
☑mountain	山
☑taste	味
☑hotel	ホテル
☑**interesting**	おもしろい，興味深い
☑**people**	人々，人たち
☑**side**	側，面
☑souvenir	思い出の品，みやげ物
☑**their**	彼(かれ)らの，彼女(かのじょ)らの
	それらの
☑**wish(es)**	願い，望み
☑I see.	なるほど。/ わかりました。
☑castle	城
☑crowded	混(こ)んでいる
☑**famous**	有名な
☑**floor**	床(ゆか)，(海などの)底
☑**guess**	推測する
☑**letter(s)**	手紙
☑**park**	公園，遊園地
☑popular	人気のある，流行の
☑postbox	郵便ポスト
☑**put**	置く，つける
☑temple	寺，神殿(しんでん)，寺院

ココをチェック！

☑「これ[こちら]は～です」 This is ～.

☑「あれ[あちら]は～です」 That is ～.

Lesson 3 ② ～ Project 1

教科書 p.58~p.67

重要文

☑This is Wakaba-kun. I like him.	こちらはわかばくんです。私は彼が好きです。
☑Who is this woman?	この女性はだれですか。
☑— She is Makiko.	— 彼女は真紀子(まきこ)です。

重要単語・表現

♪b05

Lesson 3

☑**her**	彼女(かのじょ)を，彼女の，彼女に
☑**him**	彼(かれ)を，彼に
☑perform	演じる，演奏する
☑performer	上演者
☑**weekend**	週末，ウィークエンド
☑**woman**	女性
☑**women**	woman の複数形
☑cheerful	元気のいい
☑**cool**	かっこいい
☑entertainer	芸能人
☑**funny**	おもしろい，おかしい
☑mascot	マスコット
☑**or**	または，あるいは
☑soccer player	サッカー選手

Take Action!　Listen 1

☑**color**	色，色彩(しきさい)
☑**black**	黒(の)
☑**blue**	青
☑**green**	緑
☑**red**	赤(の)
☑chain	くさり
☑**dollar(s)**	ドル(貨幣(かへい)単位)
☑**free**	無料の
☑**key**	鍵(かぎ)

Take Action!　Talk 1

☑**listen**	(じっと)聞く，耳を傾(かたむ)ける
☑**nice**	すてきな，すばらしい
☑**really**	ほんと，へえー
☑**same**	同じ，同一の
☑**too**	(～も)また
☑Guess what!	ちょっと聞いて。
☑Me, too.	私も。
☑You know what?	ねえ知ってる？

Project 1

☑**also**	～もまた，さらに
☑**be**	～である，～になる
☑be friends with ～	～と友達である
☑**language(s)**	言語
☑**like**	前 ～のように，～のような
☑**real**	本当の，実質の
☑robot	ロボット
☑**with**	～と，～に(対して)

ココをチェック！

☑「彼を，彼に」	him
☑「彼女を，彼女に」	her
☑「だれ」	who

Lesson 4 ①

教科書 p.69~p.73

重要文

- ☑Miki plays tennis. 美紀はテニスをします。
- ☑Does Miki play tennis? 美紀はテニスをしますか。
- ☑— Yes, she does. / No, she does not. —はい，します。/ いいえ，しません。
- ☑Miki does not play tennis. 美紀はテニスをしません。

重要単語・表現

♪b06

Lesson 4

☑**does**	do の三人称（しょう）・単数・現在形
☑**drive(s)**	（車を）運転する
☑eat breakfast	朝食を食べる
☑**family**	家族，家族の者たち
☑go to bed	寝（ね）る
☑**has**	have の三人称・単数・現在形
☑hometown	ふるさと，故郷
☑leave home	家を出る
☑**parent(s)**	親，〔s をつけて〕両親
☑Scotland	スコットランド
☑**street**	通り，道
☑**student(s)**	生徒，学生
☑take a bath	風呂（ふろ）に入る
☑**teach(es)**	教える
☑**there**	そこに，そこで
☑these	これらのもの〔人〕
☑**they**	彼〔彼女〕らは〔が〕
☑those	それらは〔が〕
☑**time**	時刻，時間
☑How about you?	あなたはどうですか。
☑What time ～？	何時
☑at school	学校に〔で〕
☑bagpipes	バグパイプ
☑belong(s)	～のものである ～に所属している
☑belong to ～	～に所属している
☑**college**	大学
☑cricket	クリケット
☑**early**	早く，早めに
☑instrument	楽器
☑**look**	（注意してよく）見る
☑look at ～	～を見る
☑**page**	ページ
☑pet	ペット
☑**shoe(s)**	くつ
☑**them**	彼〔彼女〕らを〔に〕 それらを〔に〕
☑traditional	伝統的な
☑**walk**	散歩させる
☑**want**	～がほしい，望む

ココをチェック！

☑「彼〔彼女〕は～です」 He[She] is ～.

Lesson 4 ② ～ GET Plus 3

教科書 p.74~p.81

重要文

☑ Which do you want, strawberry or lemon?　いちごとレモン，どちらがほしいですか。

☑ ― I want lemon.　―レモンがほしいです。

重要単語・表現

♪b07

Lesson 4

☑ **another**	もう１つの，別の
☑ **as**	～のように
☑ bell(s)	鈴(すず)，鐘(かね)
☑ **hear**	聞こえる，聞く
☑ **hold(s)**	持っている，～を催す
☑ **hour**	1時間，60分
☑ magic	奇術(きじゅつ)の，魔術(まじゅつ)の
☑ melody	メロディー，旋律(せんりつ)
☑ **other(s)**	ほかの人
☑ **place(s)**	場所，所
☑ some ～ other(s)...	～もいれば，…もいる
☑ statue(s)	像，彫像(ちょうぞう)
☑ tower	塔(とう)，タワー
☑ **wear**	身につけている
☑ **age**	年齢
☑ **evening**	夕方，晩
☑ homeroom	ホームルーム
☑ **level**	水準
☑ **low**	低い
☑ neighbor	近所の人

Take Action!　Listen 2

☑ **during**	～じゅうずっと，～の間
☑ **mobile**	移動可能な
☑ **phone**	電話(機)
☑ mobile phone	携帯(けいたい)電話
☑ performance(s)	上演，演奏，演技
☑ reminder	思い出させるもの，通知
☑ seat	席，すわる物〔所〕
☑ **talk**	話す，しゃべる

Take Action!　Talk 2

☑ **later**	あとで，のちほど
☑ **o'clock**	～時
☑ **plan(s)**	予定
☑ **start**	始める，始まる
☑ **today**	きょう(は)

GET Plus 3

☑ creamy	クリームのような
☑ crisp	ぱりぱりした
☑ juicy	水分がたっぷりの
☑ mild	(味が)まろやかな
☑ rare	(肉が)生焼けの
☑ shaved ice	かき氷
☑ sticky	ねばねばする
☑ weak	薄い，弱い
☑ **which**	どちらを，どれを

ココをチェック！

☑「AとB，どちらがほしいですか」
Which do you want, A or B?

Lesson 5 ～ GET Plus 4

教科書 p.83~p.95

重要文

☑Tom is studying math now.	トムは今，数学を勉強しています。
☑Is Tom studying math now?	トムは今，数学を勉強していますか。
☑— Yes, he is. / No, he is not.	— はい，しています。/ いいえ，していません。
☑Whose key is this?	これはだれの鍵(かぎ)ですか。
☑— It's Riku's.	— 陸のものです。

重要単語・表現

♪b08

Lesson 5

☑**carry(ing)**	持っている，運ぶ
☑**choose**	選ぶ，選択(せんたく)する
☑**class(es)**	授業
☑**different**	違(ちが)った，別の
☑flute	フルート
☑**life**	生活，暮らし
☑**own**	自分(自身)の
☑schedule	時間割，スケジュール
☑**sleep**	眠(ねむ)る，睡眠(すいみん)をとる
☑**bring**	(物を)持ってくる
☑listen to ～	～を聞く
☑**radio**	ラジオ
☑**after**	～のあとに
☑**child**	子ども
☑**children**	child(子ども)の複数形
☑**e-mail**	Eメール
☑**everyone**	だれでも，みんな
☑**lovely**	美しい，かわいい
☑**next**	次の，となりの
☑sprint	短距離(きょり)走
☑**team**	チーム
☑**thing(s)**	物，こと
☑**throw(ing)**	投げる
☑volunteer	ボランティア
☑**work(ing)**	働く，仕事をする

Take Action! Listen 3

☑**help**	手伝う，助ける
☑**power**	力
☑**problem(s)**	問題，やっかいなこと
☑**together**	いっしょに

Take Action! Talk 3

☑design	デザイン，図案
☑look for ～	～をさがす
☑**may**	〔許可〕～してもよい
☑**suggest**	提案する
☑**then**	それなら，その時

GET Plus 4

☑**bottle**	びん
☑dictionary	辞書・辞典
☑hers	彼女(かのじょ)のもの
☑**his**	彼(かれ)のもの
☑**mine**	私のもの
☑**ours**	私たちのもの
☑textbook	教科書
☑theirs	彼(女)らのもの

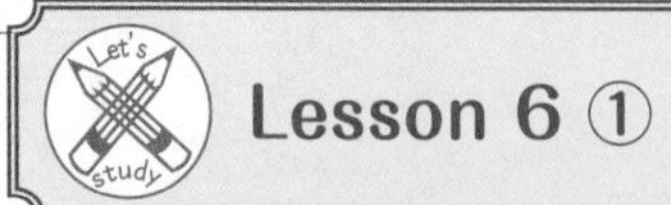

Lesson 6 ①

教科書 p.97~p.101

重要文

☐Amy enjoyed karaoke last Sunday.	エイミーはこの前の日曜日にカラオケを楽しみました。
☐Amy went to Hiroshima last year.	エイミーは昨年，広島へ行きました。
☐Did Amy enjoy karaoke last Sunday?	エイミーはこの前の日曜日にカラオケを楽しみましたか。
☐— Yes, she did. No, she did not.	— はい，楽しみました。 いいえ，楽しみませんでした。
☐Amy did not enjoy karaoke last Sunday.	エイミーはこの前の日曜日にカラオケを楽しみませんでした。

重要単語・表現

♪b09

Lesson 6

☐**ate**	eat の過去形
☐**beautiful**	美しい，きれいな
☐**bought**	buy の過去形・過去分詞
☐**cross**	渡る
☐**delicious**	(とても)おいしい
☐discover	発見する
☐**drop**	落とす，落ちる
☐**event(s)**	出来事，行事
☐**experience(s)**	体験，経験
☐**had**	have の過去形・過去分詞
☐**join(ed)**	参加する，加わる
☐**last**	この前の，最近の
☐**lot**	たくさん，たいへん
☐Mt.	～山
☐**night**	夜，晩
☐**saw**	see の過去形
☐**view**	景色
☐**visit**	(場所を)訪れる
☐**went**	go の過去形
☐**year**	年，1年(間)
☐**ago**	(今から) ～前に
☐**did**	do の過去形
☐**game**	試合，競技
☐hang	ぶら下げる
☐match	試合
☐penguin(s)	ペンギン
☐**pretty**	かわいい，きれいな
☐scarf	スカーフ，えり巻き
☐sightseeing	観光，見物
☐**took**	take の過去形
☐**week(s)**	週，1週間
☐**win**	勝つ，受賞する
☐**yesterday**	きのう(は)

Lesson 6 ② ～ Project 2

教科書 p.102~p.111

重要単語・表現

♪b10

Lesson 6

☑**all** すべて
☑**die(d)** 死ぬ
☑for the first time 初めて
☑**made** **make** の過去形・過去分詞
☑peace 平和
☑pray 祈(いの)る，祈願(きがん)する
☑**remember** 覚えている，思い出す
☑**say** 言う
☑**said** **say** の過去形・過去分詞
☑step(s) 段，階段
☑take a trip to ～ ～へ旅行する
☑thick 分厚い，太い
☑touch one's heart 感動させる
☑**wait(ed)** 待つ
☑war 戦争，戦い
☑**best** 最もよい，最高の（**good**，**well** の最上級）
☑cousin(s) いとこ
☑**house** 家，住宅
☑**swim** 泳ぐ
☑**swam** **swim** の過去形
☑**taught** **teach** の過去形・過去分詞
☑**try** 試す，試みる
☑uncle おじ

Take Action! Listen 4

☑**already** すでに，もう
☑charge 受け持ち，責任
☑**paper** 紙で作った，紙の
☑plate 皿

Take Action! Talk 4

☑**excuse** 許す
☑Excuse me. すみません。
☑um うーん
☑go straight まっすぐ行く
☑How can I get to ～? ～へはどのように行けばよいですか。

Project 2

☑bakery パン店
☑blossom(s) 花
☑calm 穏(おだ)やかな，静かな
☑charm(s) お守り
☑**fish** 魚
☑**garden** 庭，庭園
☑**inside** 内側に，～の内部に
☑**its** それの（**it** の所有格）
☑Japanese-style 日本式の
☑**kind(s)** 種類
☑**local** 地域の，その地方の
☑New Year's Day 元日
☑**tea** 茶，紅茶

ココをチェック！

☑過去の疑問文と答え方
〈Did ＋主語＋動詞の原形～ ?〉
— Yes, ～ did. /
No, ～ did not[didn't].

☑過去の否定文
〈主語＋ did not[didn't] ＋動詞の原形～.〉

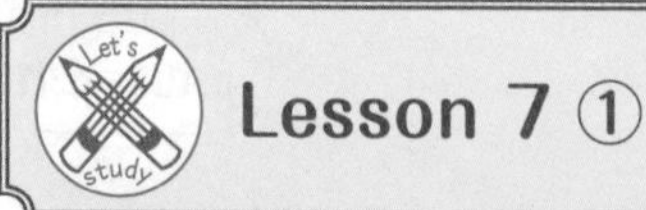

Lesson 7 ①

教科書 p.113~p.117

重要文

☐My father was a soccer fan then.	私の父はその時サッカーのファンでした。
☐My parents were soccer players then.	私の両親はその時サッカー選手でした。
☐I was watching TV then.	私はその時テレビを見ていました。

重要単語・表現

♪b11

Lesson 7

☐amazing	驚(おどろ)くべき，みごとな
☐boring	退屈(たいくつ)な
☐**court**	(テニスなどの)コート
☐**difficult**	難しい，困難な
☐**drew**	**draw の過去形**
☐**driver**	(車を)運転する人，運転手
☐**everybody**	だれでも，みんな
☐**exciting**	興奮させる
☐**fun**	おもしろいこと，楽しさ
☐**got**	**get の過去形・過去分詞**
☐**lose**	負ける
☐**lost**	**lose の過去形・過去分詞**
☐**officer**	警察官，公務員
☐**police officer**	警察官
☐shot	shoot の過去形・過去分詞
☐shoot	撃(う)つ，射る
☐snowman	雪だるま
☐teammate(s)	チームメイト
☐**was**	～であった，～でした
☐**were**	～であった，～でした
☐**winter**	冬
☐bench	ベンチ，長いす
☐**call**	電話(をする〔がある〕こと)
☐**center**	中心，～センター
☐**change**	変える，取り替(か)える
☐**into**	～(の状態)に(なって)
☐jog	ゆっくり走る
☐**miss(ed)**	機会を逃す
☐pajamas	パジャマ
☐**sit**	すわる
☐**sorry**	すまなく思って後悔して
☐**sound(s)**	(～に)聞こえる〔思える〕
☐sounds like ～	～のように思われる
☐surf	波乗りする，(インターネットの)サイトを見て回る
☐work out	解決する
☐What's up?	どうしたの。

ココをチェック！

☐「私は～でした」	I was ～.
☐「あなたは～でした」	You were ～.

Lesson 7 ② ～ GET Plus 5

教科書 p.118~p.125

重要文

☑You **look** happy.　あなたはうれしそうに**見えます**。

重要単語・表現

♪b12

Lesson 7

☑above	(場所)の上に〔の〕
☑above all	何よりも
☑**against**	～に対抗(たいこう)して
☑**always**	いつも，常に
☑**anymore**	疑否もはや，これ以上
☑attitude	態度，心構え
☑Australian	オーストラリアの
☑clubfoot	内反足
☑condition	状態，健康状態
☑**could**	**can の過去形**
☑energy	元気，(心身の)力
☑**fast**	形(速度が)速い
☑feet	foot の複数形
☑foot	足
☑**full**	満ちた，いっぱいの
☑**life**	一生，人生
☑**love(d)**	～が大好きである
☑**message**	メッセージ
☑**mind**	心，精神，考え
☑**national**	国の
☑positive	積極的な
☑**realize(d)**	理解する
☑skillful	腕(うで)のいい，みごとな
☑**still**	それでも
☑**top**	トップの
☑century	世紀，100 年
☑passion	情熱
☑**person**	人物
☑prize	賞，賞品
☑respect	尊敬する
☑**won**	**win の過去形・過去分詞**

Take Action!　Listen 5

☑depressed	落胆(らくたん)した，がっかりした
☑hockey	アイスホッケー
☑listener(s)	聞き手
☑**question(s)**	質問，問い
☑Of course.	もちろん。

Take Action!　Talk 5

☑cartoonist	漫画(まんが)家
☑manga	漫画
☑series	シリーズ

GET Plus 5

☑blue	形青い，青ざめた，ゆううつな
☑bored	退屈(たいくつ)した，うんざりした
☑nervous	心配して，不安で
☑puppy	子犬
☑surprised	驚(おどろ)いた

ココをチェック！

☑「あなたは～に見えます」　You **look** ～.

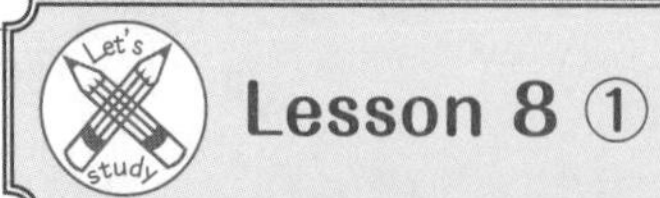

Lesson 8 ①

教科書 p.127~p.131

重要文

☑It will be cold tomorrow.	明日は寒くなるでしょう。
☑Will it be cold tomorrow?	明日は寒くなるでしょうか。
☑— Yes, it will. No, it will not.	— はい，寒くなるでしょう。 いいえ，寒くならないでしょう。
☑It will not be cold tomorrow.	明日は寒くならないでしょう。
☑I am going to clean the park tomorrow.	私は明日，公園をそうじするつもりです。
☑Are you going to clean the park tomorrow?	あなたは明日，公園をそうじするつもりですか。
☑— Yes, I am. No, I am not.	— はい，そうじするつもりです。 いいえ，そうじするつもりではありません。

重要単語・表現

♪b13

Lesson 8

☑**baby**	赤ちゃん
☑chopstick(s)	箸
☑**cloudy**	くもりの
☑**cold**	寒い，冷たい
☑**rainy**	雨降りの，雨の
☑riverbank	川岸，土手
☑**stand(s)**	売店，屋台
☑**sunny**	日の照っている，晴れた
☑**tomorrow**	あした(は)，あす(は)
☑warm	暖かい，温かい
☑**will**	～するでしょう ～するつもりである
☑**exam**	試験
☑**final**	最後の
☑hot chocolate	ココア
☑make a speech	演説をする
☑**maybe**	たぶん
☑project	計画，企画(きかく)
☑speech	演説，スピーチ
☑**stay**	とどまる，いる
☑the day after tomorrow	あさって
☑yeah	ああ，わかっているよ

ココをチェック！

☑wil「～でしょう」
〈主語＋will＋動詞の原形～ .〉

☑will not の短縮形 → won't

☑be going to ～「～するつもりです」
〈主語＋be 動詞＋going to＋動詞の原形～.〉